短视频
设计与制作

主　编　侯克春　王　鹏
副主编　古燕莹　吉家进
参　编　裴春录　罗　丽
　　　　商连生　李明慧

北京理工大学出版社
BEIJING INSTITUTE OF TECHNOLOGY PRESS

内容简介

本书梳理视频短片制作的内在逻辑，选取七个真实典型的案例，将知识理论与实践相结合，开拓读者视野，激发读者好奇心，帮助读者更全面地了解短视频的设计与制作。读者在实践项目中，能积累专业知识技能，发挥自身的创造力，提高综合应用能力。

本书适合短视频设计制作初学者或者作为学校数字媒体类专业的课程教材使用。

图书在版编目（CIP）数据

短视频设计与制作 / 侯克春，王鹏主编 . -- 北京：

北京理工大学出版社，2023.4

ISBN 978-7-5763-2074-9

Ⅰ. ①短… Ⅱ. ①侯… ②王… Ⅲ. ①视频制作

Ⅳ. ①TN948.4

中国国家版本馆 CIP 数据核字（2023）第 010873 号

责任编辑: 张荣君		**文案编辑:** 张荣君	
责任校对: 周瑞红		**责任印制:** 边心超	

出版发行 / 北京理工大学出版社有限责任公司

社　　址 / 北京市丰台区四合庄路 6 号

邮　　编 / 100070

电　　话 / （010）68914026（教材售后服务热线）
　　　　　　（010）68944437（课件资源服务热线）

网　　址 / http://www.bitpress.com.cn

版 印 次 / 2023 年 4 月第 1 版第 1 次印刷

印　　刷 / 定州启航印刷有限公司

开　　本 / 889 mm × 1194 mm　1/16

印　　张 / 9

字　　数 / 174 千字

定　　价 / 75.00 元

前言

PREFACE

新时代以来，我国经济实力实现历史性跃升，人民生活全方位改善。近年网络视听行业发展潜力强劲，器材的便携化和技术的普及化，使普通人都有机会成为短片的创作者。通过视频讲述和表达，对于个人和团体，有着越来越重要的意义。新时代的影视制作学习者，应该努力提升专业技术，用影像讲好中国故事。本书的编写，致力于给读者提供一本能兼顾常见短片类型、提供真实项目资料、体现完整制作流程的短片制作书籍。

1. 编写理念与创新

本书梳理视频短片制作的内在逻辑，分解出五种常见的短片元素，分别为纪实、采访、解说、混剪和故事。每种短片元素选取1~2个有代表性的短片类型，组织教学单元。根据人们进行视频表达的应用需求，本书设置了活动集锦、才艺表演、人物采访、新闻短片、公益短片、风光混剪和剧情短片这七个学习单元。

在学习单元内，教材使用项目式。每个单元配套一个真实的短片项目，知识理论和实践操作相互结合。单元起始设置项目背景、学习指导和学习目标，总览学习内容。单元内以工作过程为导向，设置项目导入、项目分析、项目实施、项目评价和项目总结几个环节，以实际短片制作流程组织章节内容。单元后设置相应的拓展任务工单，供读者举一反三，实践练习。

在学习单元间，本书深入分析各种短片元素涉及的知识、思维和技术，结合短片项目，安排教材章节。活动流程集锦和才艺表演短片涉及的技术相对不复杂，要求学生会观察，能呈现；人物采访和公益短片，要求更高的文稿设计能力，需要学生进行简单的思考和表达；风光混剪短片和剧情类短片，则在主题表达和镜头设计上有更高的要求，需要学生进行有一定创造性的表达。如此这般，外在是不同类型的短片项目，内在是知识、思维和技术的梯度提升。

在短片项目的选取上，本书注重项目的精神内涵和价值引领，力求体现劳动精神、奋斗精神，体现新时代青年人的风貌。

2. 项目案例与学时建议

序号	项目案例	学时建议
1	《特色社团展演》活动集锦短片制作	24
2	《我爱你 中国》才艺表演短片制作	24
3	《身边的榜样》人物采访短片制作	24
4	《光盘行动》新闻短片制作	24
5	《数说北京地铁》公益短片制作	24
6	《腾飞中国》风光混剪短片制作	18
7	《张三的故事》剧情短片制作	30
合　计		168

3. 编写分工

本书由侯克春、王鹏担任主编，古燕莹、吉家进担任副主编，裴春录、罗丽、商连生、李明慧参与编写。北京教育科学研究院的古燕莹老师为本书提供教学理论指导，MGTOP公司的吉家进（阿吉）老师为本书提供行业建议和项目评估。在此特别感谢两位专家老师对本书的鼎力支持。数字影像技术专业学生冀凯文、侯咏、周俊宇、胡佳怡参与了本书学习项目的录制与整理，在此感谢孩子们的付出。

本书项目选取典型，制作流程完整，可作为学校数字媒体类专业的基础教材，也可供对短片制作有兴趣的读者自学使用。由于编者学识有限，本书难免存在疏漏和欠妥之处，敬请读者批评指正。

目录

CONTENTS

0 学习准备

Ⅰ 短片生产流程 ……………………………… 2

Ⅱ 短片器材知识 ……………………………… 7

Ⅲ 视听语言知识 ……………………………… 14

Ⅳ 认识剪辑软件 ……………………………… 17

Ⅴ 其他技术概念 ……………………………… 20

项目1 《特色社团展演》活动集锦短片制作

项目背景 ……………………………… 22

学习指导 ……………………………… 22

学习目标 ……………………………… 22

项目导入 ……………………………… 23

项目分析 ……………………………… 23

项目实施 ……………………………… 24

拓展任务 ……………………………… 36

项目评价 ……………………………… 36

项目总结 ……………………………… 36

2 项目2　《我爱你 中国》才艺表演短片制作

项目背景 ………………………………………………… 38

学习指导 ………………………………………………… 38

学习目标 ………………………………………………… 38

项目导入 ………………………………………………… 39

项目分析 ………………………………………………… 39

项目实施 ………………………………………………… 40

拓展任务 ………………………………………………… 52

项目评价 ………………………………………………… 52

项目总结 ………………………………………………… 52

3 项目3　《身边的榜样》人物采访短片制作

项目背景 ………………………………………………… 54

学习指导 ………………………………………………… 54

学习目标 ………………………………………………… 54

项目导入 ………………………………………………… 55

项目分析 ………………………………………………… 55

项目实施 ………………………………………………… 56

拓展任务 ………………………………………………… 68

项目评价 ………………………………………………… 68

项目总结 ………………………………………………… 68

4 项目4　《光盘行动》新闻短片制作

项目背景 ………………………………………………… 70

学习指导 ………………………………………………… 70

学习目标 ………………………………………………… 70

项目导入 ………………………………………………… 71

项目分析 ··· 71

项目实施 ··· 72

拓展任务 ··· 84

项目评价 ··· 84

项目总结 ··· 84

项目5　《数说北京地铁》公益短片制作

项目背景 ··· 86

学习指导 ··· 86

学习目标 ··· 86

项目导入 ··· 87

项目分析 ··· 87

项目实施 ··· 88

拓展任务 ··· 100

项目评价 ··· 100

项目总结 ··· 100

项目6　《腾飞中国》风光混剪短片制作

项目背景 ··· 102

学习指导 ··· 102

学习目标 ··· 102

项目导入 ··· 103

项目分析 ··· 103

项目实施 ··· 104

拓展任务 ··· 116

项目评价 ··· 116

项目总结 ··· 116

项目 7　《张三的故事》剧情短片制作

项目背景 ……………………………………………………… 118

学习指导 ……………………………………………………… 118

学习目标 ……………………………………………………… 118

项目导入 ……………………………………………………… 119

项目分析 ……………………………………………………… 119

项目实施 ……………………………………………………… 120

拓展任务 ……………………………………………………… 135

项目评价 ……………………………………………………… 135

项目总结 ……………………………………………………… 135

0

学习准备

8

I　短片生产流程

短片作品的生产，无论项目大小、类型，其实大体的生产流程是基本一致的。总体上说，短片生产流程包括前期创意设计、中期拍摄采集和后期剪辑制作。

一、前期创意设计

前期创意主要包括文稿创意、镜头设计等工作。好的前期创意设计，能够确定短片的整体基调，指导后续项目工作，提高团队工作效率。

（一）文稿创意

不同类型的短片，有适合它的不同类型的文案形式。像旁白解说类的短片适合使用解说词，剧情类短片适合使用剧本。

1. 解说词（旁白类）

像一些企业宣传片、公益广告片，会采用全片旁白配画面的形式，这类短片的旁白稿，即解说词，是整个短片创作的基础。新闻短片使用新闻台本，可以看作一种特殊形式的解说词。

2. 剧本（剧情类）

剧本（见图0-1）用文字的形式指导具体的短片构想，包括场景、人物、动作、台词等信息，其写作有相应的格式和规范。

> **《张三的故事》**
>
> 段落1：
>
> 1. **外景　街边　白天**
>   张三、李四等几人，有蹲着的，有站着的，抽烟，不时望向一个小区门口。
>
> 段落2（一年前）：
>
> 2. **外景　小区路上　白天**
>   字幕：一年前
>   张三一个人背着书包回家，耳机挂在脖子上。
> 3. **内景　楼梯　白天**
>   张三上楼梯，到门口，开门。
> 4. **内景　家中　白天**
>   张三的父亲喝醉酒，趴在桌子上睡着了。桌子上摆着半瓶二锅头。
>   张三见状，很厌烦的神情，把书包摔在椅子上，摔门出去。
> 5. **外景　小区　白天**
>   张三戴上耳机。摇滚音乐响起。张三走远。
> 6. **外景　公园树下　白天**
>   张三靠在树下，听着音乐，表情烦躁。
>   李四走过来。
>
> 　　　　　　　　李四
>   　　　少见啊！
>   　　　　　　　　张三
>   　　　我爸他又喝多了，看见我又得骂我。

图0-1　微电影《张三的故事》剧本（局部）

（二）镜头设计

1. 镜头提纲

镜头提纲（见图 0-2）是提纲形式的脚本，内容为拍摄镜头预设和短片整体构想。这种形式的脚本主要应用在偏纪实类短片制作中。

项目：《特色社团展演》活动集锦短片
1. 明确主旨
《特色社团展演》要展现中职校园文化的丰富多彩，中职生的青春活力。
2. 拍摄镜头预设
角色特征： （根据拍摄对象的特色，罗列不同社团的表现重点） 　　跳舞类社团：需要有舞台上的近距离拍摄的画面，展现舞者风采。 　　茶艺社、香道社：需要沉稳的特写镜头，展现器具。 　　戏剧社团：可以拍摄演员化妆的花絮。 　　礼仪社：服饰、手势等。 活动内容： 　　彩排期间，除了舞台节目，还会有台下商讨指导、化妆准备、排练走位等内容，可以作为花絮，丰富短片内容。 环境特点 　　舞台：比较宽阔的主舞台，后面有大屏幕；台下：观众座椅很多，彩排期间演员在此后场准备。
3. 短片整体构想
短片浓缩展现各社团的精彩风貌，结构上可以不受活动流程限制。 短片开头需要烘托动感热闹的氛围。 中间罗列各社团精彩镜头，配合特效字幕介绍。为免枯燥，穿插一些花絮镜头。 结尾使用一个照片集锦，收起情绪。 背景音乐选择两首不同风格，一首动感的，一首抒情的。

图 0-2 《特色社团展演》镜头提纲

2. 素材对照表

素材对照表（见图 0-3）作为文稿分析、镜头设计工具，是解说类短片制作的重要工具。表格横向呈现段落、解说词、画面、效果等解说类短片关键元素，纵向代表短片时间顺序。

数说北京地铁				
段落	解说词&同期声	画面	字幕、动画	备注
【1】开头约20秒	在党的领导下，我们身处一个繁荣富强的新时代。作为一名中学生，每天上下学乘坐的地铁，从一个侧面，展现着首都这些年的发展变化。 今天，我要用数字来讲述它。开始我们的地铁之旅吧！	延时摄影：站台，地铁列车驶入开出，人员上下。 不同地铁线站牌（亮出显示数字），快速切换（照片）； 列车行驶，多个，不同方向角度，剪辑到一起； 主角在站台，对镜说话。	片名《数说北京地铁》	
【2】一号线约35秒	北京地铁一期工程于1965年7月1日开工建设，其线路沿长安街自西向东。开工典礼当天，毛主席亲自为北京地铁题词。 1969年10月1日，国庆20周年，第一条地铁线路建成通车。 虽然全长只有23.6千米，共17座车站，但这使北京成为中国第一个拥有地铁的城市。	主角在1号线车站（体现老地铁历史感的背景）说话（或在地面上拍，天安门东站，画面中有雄伟的天安门）； 配：施工图片若干、毛主席题词 配：视频《北京记忆：1969年的第一条地铁建成》片段 配：视频《一号线数据》 主角，一号线站台，说话，竖起大拇指。	字幕：从无到有 1965年7月1日 1969年10月1日	

图 0-3　《数说北京地铁》素材对照表（局部）

3. 分镜草图

分镜草图（见图 0-4）也叫故事板、分镜头台本，用图画直观表现镜头创意。分镜草图能准确传达设计意图，提高团队沟通和工作效率。

图 0-4　《身边的榜样》短片分镜草图

4. 分镜表格

分镜表格（见图 0-5）通过表格和文字描述展示镜头创意，一般包括镜号、景别、运动、画面内容、声音、备注等。

镜号	景别	技法	画面	声音
6-10-1	特写	摇	德育处牌子，右摇，人物开门。	
6-10-2	全景	固定	李四爸向屋内挥手，再见。李四站旁边冷漠地站着。向楼梯走。	
6-10-3	中景	跟拍	李四边走边脱衣服："终于不用穿这身破衣服了！"	
6-10-4	近景	跟拍	李四爸恼火地说："又给老子惹事儿。"继续走："这个月零花钱没有了！"	
6-10-5	近景	固定	李四停下（窗旁）："别啊！都是他们找事。没钱咋办啊？"	
6-10-6	近景	固定	李四爸："爱咋办咋办！"电话响。	
6-10-7	近景	固定	李四无奈地扭头，瞥眼看他爸。	
6-10-8	全景	固定	爸爸接电话表情谄媚："喂？张总啊！你好你好！现在？有时间有时间，行行，一会见。"	
6-10-9	全景	固定	李四靠着窗瞥看他爸，李四爸不回头的下楼梯，出画面。	
6-10-10	近景	固定	李四看着爸爸离开。微侧脸，显出鄙夷神情。	
6-10-11	全景	固定	李四把校服摔在地上。低头郁闷。张三声音："李四，事情咋样了？"李四转头看张三。	
6-10-12	中景	固定	李四，"嗨，不说这个，我爸把我钱断了，咱一会儿找人'借点'去。"	
6-10-13	特写	固定	张三稍显为难，还是说："那行吧，走吧。"	
6-10-14	中景	固定	李四拍张三的肩膀："好哥们！"	

图 0-5　微电影《张三的故事》分镜表格（局部）

二、中期拍摄采集

此阶段按照前期的设计和规划，完成素材的拍摄采集工作。根据获取途径不同，素材可分为实拍素材和网络素材。

（一）素材拍摄

影像拍摄是一个多岗位协作活动，有导演、摄像、场记、灯光、录音等分工。在导演的组织下，团队互相配合，协作完成拍摄任务。

导演：是贯穿整个短片创作的核心，整体把握短片制作进度，指挥团队。

摄像：操作摄影机，实现镜头设计效果。根据短片规模，摄像可能为多人团队。

场记：记录现场拍摄细节，包括拍摄场次、拍摄顺序等，为导演提供拍摄进度参考。详细的场记记录还能够为剪辑提供参考。

灯光：根据导演和摄像师的要求，选择合适的灯具，设置合理的位置和亮度等，帮助实现画面效果。

录音：为短片录制对白、环境声等声音素材。需要现场收声时，录音师需要操作传声器，在不穿帮的情况下尽量靠近演员。

（二）网络采集

使用网络素材要注意版权保护。商业用途的短片要确保使用的素材得到授权，公益用途的短片要遵守著作权法相关要求。

三、后期剪辑制作

（一）媒体资源管理

规范的媒体资源管理能够提高工作效率，保障素材和项目文件安全。在开始剪辑工作前，应规范建立项目文件夹体系，将所有素材分门别类地进行存储，如图0-6所示。项目文件夹应至少包括文稿剧本、原始素材、工程文件和剪辑样片，下一级则可以根据具体项目做适当调整。为防止磁盘故障，还要将所有文件备份至少一份。

	一级	二级	三级
项目文件夹	文稿剧本	文稿	
		分镜	
	原始素材	视频素材	客供
			拍摄
			网络
		音频素材	录音
			背景音乐
		字幕动画	
	工程文件		
	剪辑样片		

图 0-6　项目文件夹体系

（二）粗剪

剪辑师参照镜头设计和场记表，将素材按顺序拼接起来，形成短片的大致框架。

（三）精剪

在粗剪的基础上，调整短片节奏，压缩时长，调整素材音量，添加音效，添加特效，调整短片色调，添加字幕等。

Ⅱ 短片器材知识

一、摄像器材

（一）摄影机

1.电影摄影机

电影摄影机具有高画质、高稳定性、高拓展性和高工作流适应性，是影视工业项目的常用设备。著名国际品牌有 ARRI、RED，国内品牌 KINEFINITY 和 Z CAM 也有不错的产品，大疆还发布了革新性的机型。常见电影摄影机如图 0-7 和图 0-8 所示。

图 0-7　ARRI 摄影机

图 0-8　大疆电影机

2.专业微单相机

近年随着电子技术的进步，专业的微单相机也具备了拍摄高质量视频的能力，其中以 Sony α 系列和松下的 GH 系列最具代表性，如图 0-9 所示。专业微单相机因其体积和价格优势，受到小型影视工作室的青睐。

图 0-9　专业微单相机

3. 手持专业摄像机

手持专业摄像机（见图 0-10）具有高便携性、高稳定性和集成化的特点，具有较高的画质、大倍率的变焦镜头和长时间的拍摄能力，适合纪录片等影视作品素材拍摄。

4. 其他便携设备

近年手机摄影摄像能力越来越高，4K 分辨率、高动态范围（High Dynamic Range, HDR）等技术指标在高端手机中基本普及。一些日常活动的简单记录，手机也堪用，但由于硬件限制，画质上跟专业摄像机比还是有较大的差距。另外专业卡片相机（见图 0-11）和手机相比在画质和操作性上具有一定优势。在一些需要较高便携性的拍摄任务中，使用专业卡片机也是不错的选择。

图 0-10　手持专业摄像机　　　　　　　图 0-11　专业卡片相机

（二）摄像辅助器材

摄像辅助器材主要的作用是支撑摄像机和保持画面稳定，如稳定器、三脚架、轨道、摇臂、斯坦尼康等，如图 0-12~ 图 0-16 所示。

图 0-12　手持三轴稳定器　　　　　　　图 0-13　三脚架

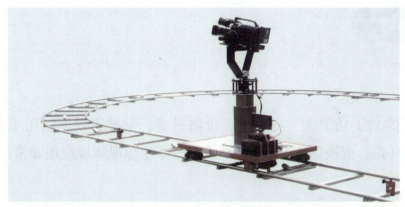

图 0-14　轨道

图 0-15　摇臂

图 0-16　斯坦尼康

二、灯光器材

（一）灯具

1. 镝灯

镝灯（见图 0-17）功率大、亮度高、价格昂贵，常被影视剧组用来塑造大面积的光源，模拟阳光和月光，也被称作"太阳灯"。它在专业影视领域应用非常广泛。

2. 碘钨灯

碘钨灯（见图 0-18）价格便宜，亮度不如镝灯，发热极大，发光效率很低。

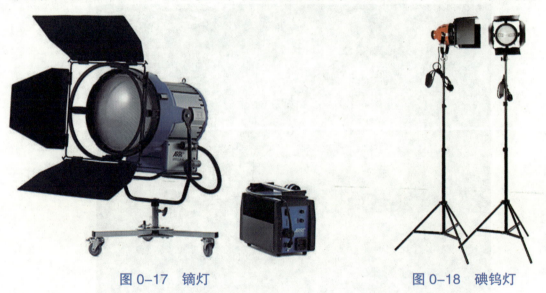

图 0-17　镝灯　　　　　　　　　　　　图 0-18　碘钨灯

3. LED 灯

近年来发光二极管（Light Emitting Diode，LED）技术进步很大。LED 灯（见图 0-19）具有仅次于镝灯的高亮度，又具有碘钨灯的经济性，不过度发热，还具有数字可控色温。无论是在高端影视，还是常规摄影领域，LED 灯都越来越占据重要的位置。

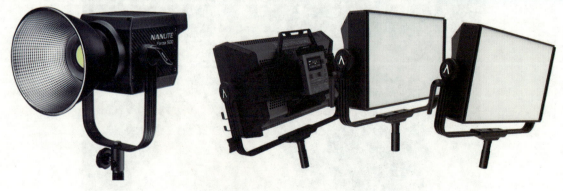

图 0-19　LED 灯

（二）附件

1. 灯架

灯架是支撑灯的器具，由三条腿和一个可伸缩的支撑杆组成，有的底部还配有滑轮。

2. 魔术腿

魔术腿可单独或与吊杆配合使用，用来安装柔光布、黑旗等控光附件。

3. 柔光布

柔光布是半透光的布，可使硬光变软，也可降低光的强度。

4. 反光板

反光板（见图 0-20）是用于反光的平面物体，常见的是白色泡沫。反光板的材质会影响反射光的颜色和性质。

5. 黑旗

黑旗是用于遮挡光线的黑布，一般装在方框上。图 0-21 所示为魔术腿和黑旗。

图 0-20　反光板

图 0-21　魔术腿和黑旗

三、录音器材

1. 传声器

传声器又叫话筒、麦克风，是用于采集视听作品声音的器材，一般有枪式传声器和领夹传声器，如图 0-22 所示。

图 0-22　枪式传声器和领夹传声器

知识便签　传声器的指向性

　　传声器的指向性如图 0-23 所示。不同指向性的传声器对不同方向声音的敏感度是不同的。全向型传声器对各个方向的声音都很敏感；心型指向的传声器对正前方的声音十分敏感，而其他方向的声音能很好地隔离开；超心型指向的传声器的指向性比心型指向的传声器更窄，特别适合近距离拾音。有些传声器可以在机身上调节其指向性。

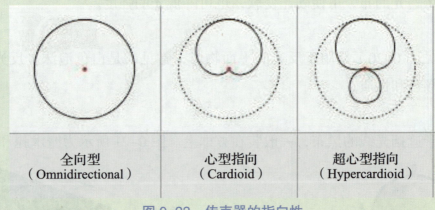

全向型
（ Omnidirectional ）　　心型指向
（ Cardioid ）　　超心型指向
（ Hypercardioid ）

图 0-23　传声器的指向性

2. 录音机

　　录音机（见图 0-24）是记录存储高品质音频的专业设备。有些型号的录音机体积小，所以也被称作"录音笔"。

3. 防风附件

　　防风附件是用于减少风声干扰传声器收音的装置，有海绵套、防风筒和防风毛衣等，如图 0-25 所示。

图 0-24　录音机

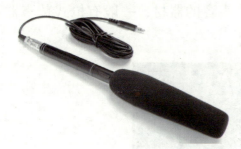

图 0-25　防风附件

4. 吊杆

吊杆是录音师用于手持支撑传声器的可伸缩长杆，如图 0-26 所示。

图 0-26 吊杆

Ⅲ 视听语言知识

一、景别

景别通常指被拍摄主体在画面内呈现的范围，一般有远景、全景、中景、近景和特写。

远景：此景别一般用来展示广阔空间环境的全貌，介绍事件的发生的事件发生的时间、位置、规模和气氛，如表现开阔的自然风景、群众场面、战争场面等，如图 0-27 所示。

图 0-27　学生作品《重逢》中的远景镜头

全景：用来表现场景全貌或人物全身动作的景别称为全景，如图 0-28 所示。此景别人物在画面中所占的比例较远景增大，取景范围包括人物全身。

图 0-28　学生作品《迷失日记本》中的全景镜头

中景：此景别画面截取人物腰部以下，比全景更能表现人物状态，同时还能兼顾表现环境，如图 0-29 所示。

图 0-29　学生作品《重逢》中的中景镜头

近景：此景别画面截取人物腰部以上，能够凸显人物的动作和神情，如图 0-30 所示。

图 0-30　学生作品《迷失日记本》中的近景镜头

特写：表现人物脸部，或人物、物体的微小局部占满画面的景别称为特写，如图 0-31 所示。此景别能够突出表现人物的情绪，画面冲击力很大。

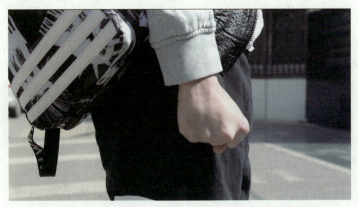

图 0-31　学生作品《迷失日记本》中的特写镜头

二、角度

角度指摄像机镜头与水平之间形成的不同夹角。拍摄镜头按角度一般分为平拍镜头、仰拍镜头和俯拍镜头。

平拍镜头：指镜头与被拍摄物体保持基本相同水平的镜头。这种镜头比较接近于常人视角，画面效果也接近于正常的视觉效果。

仰拍镜头：指镜头高于水平角度，向上拍摄的镜头。这种镜头使影像体积夸大，使被拍摄物体更加高大、威严，从而使观众产生一种压抑感或者崇敬感，也可以用来创造一种悲壮和崇高的效果。

俯拍镜头：指镜头低于水平角度，向下拍摄的镜头。这种镜头可以展示比较开阔的场面，此外，还能使被拍摄物体呈现一种被压抑感，使观众产生一种居高临下的视觉心理。

三、运动

运动指摄影机的运动方式，一般分为推、拉、摇、移、跟等。

推：指使画面由大景别过渡到局部的拍摄方法。推镜头能把主体从环境中分离，还能提醒观众对主体或某个细节的注意。

拉：与推镜头相反，拉镜头把被摄主体在画面中由局部到全体地展示出来，能凸显主体与环境的关系。

摇：指摄影机的位置不动，只作角度的变化，一般有横摇和竖摇。

移：是摄影机各种运动形式的有效组织，形成视觉张力。

跟：指摄影机跟随被摄主体进行拍摄，能更好地表现运动的物体。

四、光色

光线：光线是塑造形象的基本手段，从性质上分有直射光（硬光）和散射光（软光），从方向上分有顺光、侧光、逆光、顶光和底光等。

色彩：不同的色彩会给人们的心理及情绪带来不同的反应，如红色象征着生命、革命，蓝色象征着冷静和忧郁等。

五、声音

影视作品中的声音可以分为三类：人声、音乐、音响。

人声：一般包括对白、独白和旁白。人声的主要作用是推动剧情、刻画人物、评论或者抒情。

音乐：一般包括主题曲、插曲、背景音乐等。音乐一般能够起到渲染气氛，表达人物内心情感的作用。音乐可用来表达对人物和事件的态度，比如歌颂、赞美、同情、控诉、哀悼等从而增加影片的感染力，深化影片的主题思想。

音响：是除人声和音乐之外的所有声音。根据声音的来源不同，音响又可以进一步划分为自然音响、动作音响、交通音响、特殊音响。

Ⅳ　认识剪辑软件

一、常用软件

市面上剪辑软件很多，如图 0-32 所示，Windows 操作系统上比较专业的有 Adobe Premiere，Mac 操作系统上有 Final Cut，专业调色软件 DaVinci Resolve 近年也增加了剪辑功能，国产软件剪映在移动端和计算机端也都有不错的产品。

图 0-32　常用剪辑软件

二、软件界面

以 Premiere 为例，主界面按顺时针依次是源监视器面板、节目监视器面板、时间线面板、工具箱和项目面板，如图 0-33 所示。

图 0-33　Premiere 主界面

1. 源监视器面板

源监视器面板（见图 0-34）的作用是显示源素材片段，在项目面板中双击素材即可在源监视器中显示该素材。在源监视器中还可以进行一些基本的剪辑操作，如设置素材入点和出点、插入、覆盖等。

图 0-34   源监视器面板

2. 节目监视器面板

节目监视器面板（见图 0-35）的作用是显示当前序列中时间线指针所对应的内容。

图 0-35   节目监视器面板

3. 时间线面板

时间线面板（见图 0-36）用于对素材的剪辑、插入、调整、添加关键帧等操作，绝大部分剪辑操作在此面板进行。

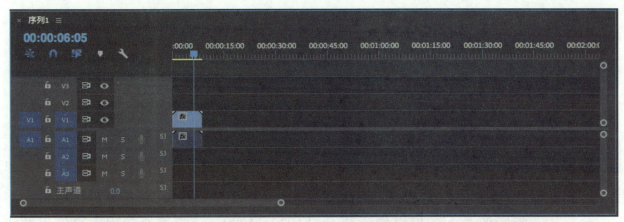

图 0-36　时间线面板

4. 工具箱

工具箱包含在时间线中进行剪辑操作的各种工具，从上到下依次是选择工具、轨道选择工具、波纹编辑工具、剃刀工具、滑动编辑工具、钢笔工具、抓手工具、文字工具，如图 0-37 所示。

5. 项目面板

项目面板（见图 0-38）用于导入和管理素材。

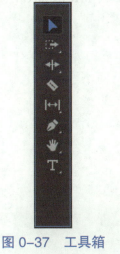

图 0-37　工具箱

图 0-38　项目面板

V 其他技术概念

画幅比： 指影像画面的长度与宽度的比例，也称横纵比。常见的画幅比有 4 ∶ 3（早期电影和电视）、16 ∶ 9（高清电视的国际标准）、2.35 ∶ 1（宽荧幕电影的常见比例）。

分辨率： 指影像画面的横纵像素数，如 1920×1080。分辨率通常用垂直像素数表示，如 1080P，即表示在 16 ∶ 9 画幅比下，分辨率为 1920×1080 的逐行扫描影像。常见的分辨率有 480P（普通 DVD）、720P（高清）、1080P（全高清）、1440P（2K）、2160P（4K）等。

视频格式： 包含两个层面，一是编码格式，一是封装格式。编码格式可以简单理解为对是视频原始数据的压缩方式，常见的视频编码格式有 H264、Xvid、MPEG-4 等。封装格式可以理解成一个容器，把已经编码好的视频、音频按照一定的规范放到一起。同一种封装格式可以放不同编码的视频。常见的封装格式有 AVI、MP4、MKV、MOV、VOB 等。

项目 1

《特色社团展演》活动集锦短片制作

《特色社团展演》
活动集锦短片制作

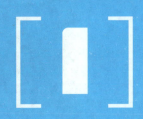

项目背景

　　丰富多彩的学生社团活动有助于学生培养积极向上的人生态度，培养集体意识与责任意识，发挥创造潜能，陶冶情操，提高综合素质。学生们在这些丰富多彩的社团活动中收获满满活力，健康成长。为总结学生社团工作成果，区团委准备举行主题为"我与社团共成长 活力绽放新时代"的社团嘉年华活动。

学习指导

　　活动集锦类短片在我们生活中很常见，是活动各环节精彩镜头的合集。通过《特色社团展演》活动集锦短片制作，你会完整体验活动集锦类短片制作流程，学习此类短片制作方法。

学习目标

　　1. 了解活动集锦类短片的一般制作流程。
　　2. 了解"镜头提纲"的策划步骤和方法。
　　3. 能使用"镜头提纲"完成镜头设计。
　　4. 能按要求完成素材采集工作;
　　5. 能参照"镜头提纲"完成短片剪辑工作。
　　6. 培养用镜头展示新时代学生风采的意识。
　　7. 弘扬精益求精的工匠精神。

区团委将举办社团嘉年华活动，为各校优秀社团提供展示平台，计划制作活动集锦短片，在嘉年华举办当天作为开场短片。项目任务单见表 1–1。

表 1–1 《特色社团展演》活动集锦短片制作任务单

项目：《特色社团展演》活动集锦短片制作			
	联系人姓名	职务	联系电话	工作单位 / 任职部门
委托人	×××	×× 主任	1359×××543	区团委
受托人	×××	×× 主任	1381×××978	×× 融媒体工作室
背景意义	丰富多彩的学生社团活动有助于学生培养积极向上的人生态度，培养集体意识与责任意识，发挥创造潜能，陶冶情操，提高综合素质。学生们在这些丰富多彩的社团活动中收获满满活力，健康成长			
短片内容	嘉年华举办当天的开场短片。以集锦的形式，带领观众感受各校社团的风采，展现新时代学生的精神风貌			
应用场景	活动现场大屏幕展示（异形宽荧幕）			
素材基础	客户提供了展演社团名单、简介、彩排时间安排。后期会提供彩排照片			
制作周期	4 周			
委托确认	委托人签名： 日期： 年 月 日		受委托人签名： 日期： 年 月 日	

从用户画像、艺术分析、技术分析三方面对工作项目进行分析，见表 1–2。

表 1–2 项目分析

项目	内容
用户画像	本短片主要用作活动开场，烘托活动气氛，为后面的正式展演作铺垫。展示精彩瞬间，短片时长控制在 3 分钟内
艺术分析	本片集合各社团彩排期间的精彩镜头，配以相应的文字特效和适宜的背景音乐。画面节奏整体要有动感，但为避免重复单调，应选取两首不同风格的音乐
技术分析	短片用于活动开场时大屏幕展示，与会场工程师工沟通，建议短片采用 21：9 的画面比例。为保证拍摄和制作效率，采用 1080P 分辨率拍摄，后期进行素材剪切。素材为彩排期间实拍，辅以特效字幕

实施准备

从人员需求、器材选择、场地选择、软件工具和素材基础几方面理清项目基础及实施的各项需求，见表1-3。

表1-3 实施准备

项目	内容
人员需求	镜头设计、摄像师、场记员、剪辑师等
器材选择	为保证最大的便携度，选用手机＋稳定器组合，以及卡片相机
场地选择	视频剪辑工作室
软件工具	剪辑软件使用 Adobe Premiere
素材基础	客户提供了展演社团名单、简介、彩排时间安排，后期会提供彩排照片。协调特效团队协助制作部分素材

方案制定

1. 人员分工和进度安排

根据镜头设计、素材采集和剪辑制作的项目流程和岗位需求进行小组人员分工。安排进度时，要考虑外拍的不确定性，提前做好备选方案，并在时间上留出冗余量。日程安排见表1-4。

表1-4 日程安排

日程	工作内容
第一周	镜头提纲
第二周	素材采集
第三周	素材采集
第四周	剪辑制作

2. 镜头设计

（1）工具

镜头提纲是提纲形式的脚本，主要内容为拍摄镜头预设和短片整体构想。这种形式的脚本主要应用在偏纪实类短片制作中。这类短片，团队对拍摄人物、活动和环境无法完全把控，因此不宜做精准的拍摄镜头设计，但可以从角色特征、活动内容和环境特点等方面，预设重点拍摄内容和拍摄策略，并描述短片的整体构想，为后期剪辑提供参照。

（2）方法

策划镜头提纲主要分为 3 个步骤：明确主旨、拍摄镜头预设和短片整体构想。明确主旨就是要搞清楚短片想要展现什么；拍摄镜头预设可以从角色特征、活动内容、环境特点、拍摄策略等方面做镜头设计；短片整体构思简要说明短片的结构、各部分内容等信息。下面以本项目镜头提纲（表 1-5）为例具体展示。

表 1-5　《特色社团展演》短片镜头提纲

项目：《特色社团展演》活动集锦短片制作
1. 明确主旨
《特色社团展演》要展现中职校园文化的丰富多彩，中职生的青春活力。
2. 拍摄镜头预设
角色特征：（根据拍摄对象的特色，明确不同社团的表现重点） 跳舞类社团：需要有舞台上的近景拍摄的画面，展现舞者风采。 茶艺社、香道社：需要沉稳的特写镜头，展现器具。 戏剧社团：可以拍摄演员化妆的花絮。 礼仪社：服饰、手势等。 活动内容： 彩排期间，除了舞台节目，还会有台下商讨指导、化妆准备、排练走位等内容，可以作为花絮，丰富短片内容。 环境特点： 舞台：比较宽阔的主舞台，后面有大屏幕。台下：观众座椅很多，彩排期间演员在此后场准备。
3. 短片整体构想
短片浓缩展现各社团的精彩风貌，结构上可以不受活动流程限制。 短片开头需要烘托动感热闹的氛围。 中间罗列各社团精彩镜头，配合特效字幕介绍。为免枯燥，穿插一些花絮镜头。 结尾使用一个照片集锦，收起情绪。 背景音乐选择两首不同风格，一首动感的，一首抒情的。

素材采集

1. 实拍素材采集

镜头示例 1：操作细节特写，如图 1-1 所示。

图 1-1   操作细节特写

内容： 香道社制香镜头，表现制香操作细节。

拍摄： 特写镜头突出制香细节。保持镜头稳定，可缓慢推镜头，增加动感。

镜头示例 2：舞台人物近景，如图 1-2 所示。

图 1-2   舞台人物近景

内容： 礼仪社团节目，表现人物的表情及动作。

拍摄： 固定镜头拍摄手势动作，增加画面的动感。

镜头示例 3：舞台人物全景，如图 1-3 所示。

图 1-3   舞台人物全景

内容： 展现演员整体击鼓动作，突出气势。

拍摄： 固定位置，缓慢横摇拍摄。全景，兼顾人物动作、表情和周围环境。

镜头示例 4： 花絮镜头，如图 1-4 所示。

图 1-4　花絮镜头

内容： 展现演员准备和幕后工作人员。

拍摄： 手持固定拍摄。取景用近景，要兼顾人物表情、动作细节和周围环境。

镜头示例 5： 环境空镜头，如图 1-5 所示。

图 1-5　环境空镜头

内容： 拍摄现场一些趣味性的空镜头，为后续剪辑提供多样性素材。

拍摄： 固定机位，缓慢横摇拍摄。逆光，浅景深，营造唯美的效果。

2. 特效素材准备

特效团队使用 Adobe Effect 制作开场拉幕镜头，如图 1-6 所示。客户提供了彩排当天的现场照片，特效团队制作照片集锦视频，如图 1-7 所示。特效团队制作各参演社团名称特效字幕。如图 1-8 所示。

图 1-6 开场拉幕镜头

图 1-7 照片集锦视频

茶艺社、香道社.mp4

鼓风古韵.mp4

汉唐礼仪社.mp4

嘉懿社.mp4

精舞社.mp4

爵士舞社.mp4

清姿合唱团.mp4

洛学社.mp4

图 1-8 社团名称特效字幕

剪辑制作

1. 媒体资源管理

规范的媒体资源管理能够提高工作效率，保障素材和项目文件安全。在开始剪辑工作前，应规范建立项目文件夹体系，将所有素材分门别类地进行存储。项目文件夹应至少包括文稿剧本、原始素材、工程文件和剪辑样片，下一级则可以根据具体项目做适当调整。为防止磁盘故障，还要对所有文件进行至少一份备份。本项目的项目文件体系如图 1-9 所示。

	一级	二级	三级
项目文件夹	文稿剧本	文稿	
		分镜	
	原始素材	视频素材	客供
			拍摄
			网络
		音频素材	录音
			背景音乐
		字幕动画	
	工程文件		
	剪辑样片		

图 1-9 项目文件夹体系

2. 新建项目及序列

1）启动 Premiere 软件，单击"新建项目"按钮，更改项目存储位置为"项目 1《特色社团展演》项目文件夹"的"3 工程文件"子文件夹。修改项目名称为"特色社团展演"。单击"确定"按钮。如图 1-10 所示。

2）在菜单栏选择"文件"→"新建"→"序列"选项，弹出"新建序列"对话框。系统默认选项是"DV-PAL"→"标准 48kHz"，在右侧的"预设描述"中可以查看序列预设的相关信息。单击"设置"选项卡，将"编辑模式"设为"自定义"。在"视频"选项组中设置"帧大小"，按 21∶9 的比例，将"水平"设为 1920、"垂直"设为 823；将"像素长宽比"设为"方形像素（1.0）"；将"场"设为"无场（逐行扫描）"。将下方的"序列名称"设为"主序列"。单击"确定"按钮，新建序列，如图 1-11 所示。

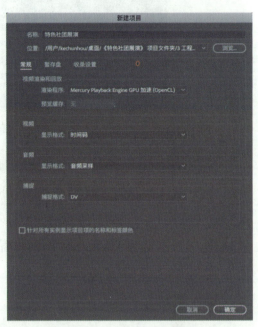

图 1-10　新建项目

图 1-11　新建序列

3. 导入素材

在项目面板空白处单击鼠标右键，选择"导入"。在弹出的对话框中定位到项目文件夹的中的"1 视频素材"文件夹，全选子文件夹，单击"导入"按钮，导入视频素材，如图 1-12 所示。用相同方法导入音频素材文件夹。系统会自动建立相对应的素材箱，如图 1-13 所示。

图 1-12　导入视频素材

　　此步骤也可以先建立素材箱，再导入素材。方法是在项目面板空白处单击鼠标右键，选择"新建素材箱"，面板中生成一个素材箱。重命名素材箱。双击此素材箱，打开素材箱面板，在面板空白处单击鼠标右键，选择"导入"，将相应素材导入素材箱。

图 1-13　建立对应的素材箱

4. 粗剪

1）制作开场。

从"字幕动画"素材箱中将"开场拉幕.mp4"素材拖曳到时间线面板，此时会弹出"剪辑不匹配警告"对话框，这是因为素材比例与序列设置不匹配，单击"保持现有设置"按钮，匹配序列，如图 1-14 所示。

图 1-14　匹配序列

　　从"1 鼓风古韵社"素材箱选打鼓视频，和开场拉幕素材衔接。在素材箱双击选中素材，在源监视器面板中，通过设置入点、出点选取 2 秒左右的素材，将其拖曳到时间线面板，如图 1-15 所示。

图 1-15　将打鼓素材拖曳到序列

挑选其他精彩镜头瞬间，放入时间线面板。开场总时长控制在 25 秒左右。开场制作完成后的时间线面板如图 1-16 所示。

2）逐个制作社团视频段落。

从"社团名称 特效字幕"素材箱中选取"鼓风古韵 .mp4"素材。为使工程文件更加整洁，统一将特效字幕放入时间线面板的视频轨道 2。添加特效字幕后的时间线面板如图 1-17 所示。

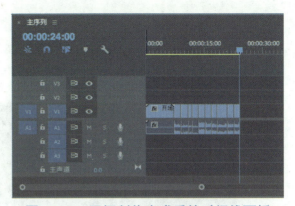

图 1-16　开场制作完成后的时间线面板

选取 1~3 个精彩镜头瞬间，放入时间线面板。依此方法制作全部 11 个社团的视频段落。每个视频段落时长控制在 8 秒左右。社团视频段落制作完成后的时间线面板如图 1-18 所示。

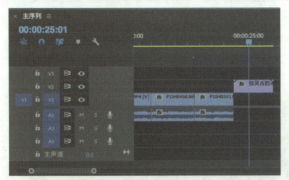

图 1-17　添加特效字幕后的时间线面板

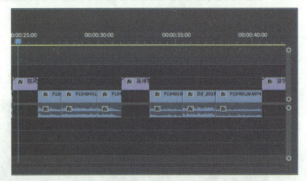

图 1-18　社团视频段落制作完成后的时间线面板

3）插入花絮镜头。

恰当的花絮镜头可以丰富短片内容，提升观影趣味。选取导演指导、演员化妆等花絮素材，插入时间线面板适当位置，如图 1-19 所示。

图 1-19　插入花絮镜头

4）制作结尾。

从"字幕动画"素材箱中选取"照片集锦 .mp4"素材，拖曳到视频轨道 2，作为结尾，如图 1-20 所示。

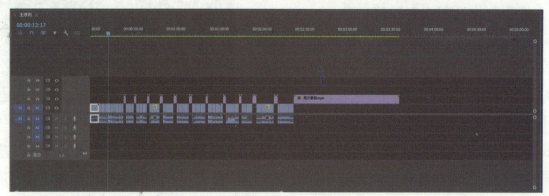

图 1-20　制作结尾

5）添加背景音乐。

将选取的两首背景音乐拖曳到音频轨道 2，如图 1-21 所示。

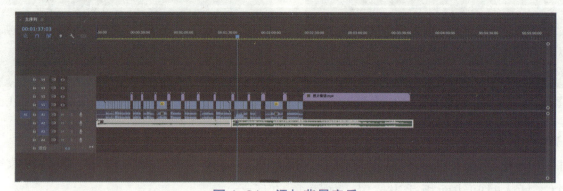

图 1-21　添加背景音乐

5. 精剪

1）完成两首背景音乐间的过渡。

选取合适的乐曲段落，调整长度。在两首曲子间添加"恒定功率"音频过渡效果，在两首曲子切换处加入一个延时摄影素材，使过渡更自然，如图 1-22 所示。

图 1-22　完成两首背景音乐间的过渡

2）优化结尾。

将现场拍摄的相机与座椅的空镜头放到影片结尾处，营造温馨感，如图 1-23 所示。

图 1-23　优化结尾

3）优化细节。

调节背景音乐音量。第一首背景音乐音量过大，电平柱状图已经突破 0 值。在时间线面板上选择音频素材，单击鼠标右键，选择"音频增益"，在弹出的对话框中将"调整增益值"设为 -6dB。如图 1-24 所示。

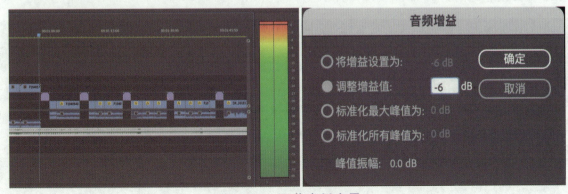

图 1-24　调节素材音量

调节画面位置。一些素材在导入 21∶9 比例的序列时画面位置不理想。在时间线面板上选中相应素材，如图 1-25 所示，在效果控件面板中适当设置素材位置参数，如图 1-26 所示。

图 1-25　选中相应素材

图 1-26　设置素材位置参数

根据音乐节奏，调整个别素材剪辑位置。调整"照片集锦 .mp4"素材长度，控制短片时长。至此完成精剪，如图 1-27 所示。

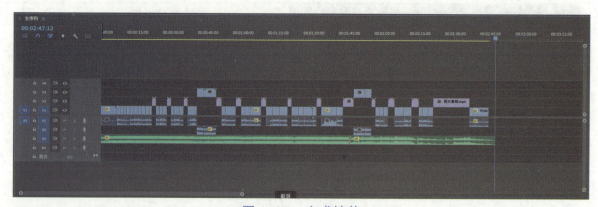

图 1-27　完成精剪

6. 输出成片

所有内容制作完成后，依次单击"文件"→"导出"→"媒体"，在弹出的对话框中，将"格式"设为 H.264，将"预设"设为"匹配源 – 高比特率"，将"输出名称"设为"特色社团展演 .mp4"，将输出位置调整到"项目 1《特色社团展演》项目文件夹"中的"4 剪辑样片"子文件夹，单击"导出"按钮进行渲染输出，如图 1-28 所示。

图 1-28　输出成片

拓展任务

　　按照《特色社团展演》活动集锦视频的制作流程和方法，制作所在学校的社团或班级风采短片。

项目评价

请根据表1-6检查作品，并按完成情况填涂☆。

表1-6　项目评价表

评价项目	指标说明	完成情况
视频制作	拍摄素材清晰稳定；视频表意清晰；剪辑流畅，不同素材亮度匹配；无剪辑失误的跳帧与黑场；输出格式符合要求	☆☆☆☆☆
音频制作	同期录音清晰；后期配音与视频吻合；音乐、音效符合画面内容；不同素材音量匹配，整体音量适中	☆☆☆☆☆
字幕制作	显示清晰，字号适中；言语字幕与台词相符，说明性字幕精练明了；能帮助短片内容理解，不喧宾夺主	☆☆☆☆☆

项目总结

项目过程中遇到哪些问题？

你和团队是如何解决的？

经过这个项目，你有什么收获？

　　至此我们完成了本项目的全部学习。请大家结合自己的项目学习体验，逐项给自己打分，绘制自己的"双五维"成长雷达图，如图1-29所示。

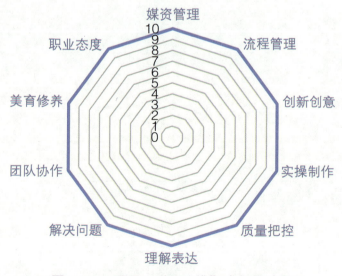

图1-29　项目1"双五维"成长雷达图

项目 2

《我爱你 中国》才艺表演短片制作

《我爱你 中国》
才艺表演短片制作

项目背景

　　为了丰富学生校园生活、提升综合素养、弘扬爱国精神，学校组织开展"迎国庆唱红歌"才艺展示活动。学生们唱出爱国、唱出文化、唱出美好，培养了感受美、欣赏美、表现美、创造美的能力。

学习指导

　　在各种视频平台上，我们常会看到丰富多彩的才艺表演视频。形式上一般是在相对固定的场地，表演者演奏乐器或表演动作，不同景别的镜头切换，配以恰当的音乐。通过《我爱你 中国》这个吉他才艺表演短片的制作，你会完整体验此类短片的制作流程，学习其制作方法。

学习目标

1. 了解才艺表演类短片的一般制作流程。
2. 了解多机位剪辑的功能和操作方法。
3. 能按要求完成素材采集工作。
4. 能参照镜头提纲完成短片剪辑工作。
5. 能初步使用多机位剪辑技巧进行剪辑操作。
6. 培养用镜头展示新时代学生风采的意识。
7. 弘扬精益求精的工匠精神。

校德育处、团委举办了"迎国庆唱红歌"才艺表演展示活动，活动效果显著。现计划为各类别获奖节目拍摄表演短片，供后续网络宣传使用。项目任务单见表 2-1 所示。

表 2-1 《我爱你 中国》才艺表演短片制作任务单

项目：《我爱你 中国》才艺表演短片制作				
	联系人姓名	职务	联系电话	工作单位 / 任职部门
委托人	×××	×× 主任	1389×××543	校德育处、团委
受托人	×××	团队负责人	1340×××277	F11 视频团队
背景意义	开展丰富多彩的学生才艺活动能培养积极向上的人生态度，弘扬爱国主义精神，培养集体意识与责任意识，发挥创造潜能，陶冶情操，提高综合素质。学生在这些丰富多彩的活动中收获满满活力，健康成长			
短片内容	吉他演奏《我爱你 中国》，用才艺抒发爱国情			
应用场景	网络宣传			
素材基础	乐曲网络演奏视频、升旗高清素材			
制作周期	2 周			
委托确认	委托人签名： 日期： 年 月 日		受委托人签名： 日期： 年 月 日	

项目分析

从用户画像、艺术分析、技术分析三方面对工作项目进行分析，见表 2-2。

表 2-2 项目分析

项目	内容
用户画像	本短片主要用作活动宣传，展示学生精彩表演片段。观众以学生、家长为主。短片时长控制在 1 分钟内
艺术分析	这首曲子本身优美隽永，正像学生对祖国的爱，自然地流露。镜头选取上，也要体现优美、宁静、深沉，画面节奏要符合表演主题
技术分析	短片用于活动宣传，由于乐器演奏姿态特征，经与客户沟通，采用 16：9 的画面比例、1080P 分辨率。为体现优美隽永的画面气质，镜头采用户外实拍。室外声音环境复杂，故采用室内录音、室外录影的采集策略，之后通过剪辑软件完成音画合成

实施准备

从人员需求、器材选择、场地选择、软件工具和素材基础几方面理清项目基础及实施的各项准备，见表2-3。

表2-3 实施准备

项目	内容
人员需求	镜头设计、录音师、摄像师、场记员、剪辑师等
器材选择	使用两台同品牌专业微单相机、手持稳定器、三脚架、传声器
场地选择	录音室，安静的公园
软件工具	剪辑软件使用 Adobe Premiere
素材基础	乐曲网络演奏参考视频，F11 团队提供升旗高清素材

方案制定

1. 人员分工和进度安排

根据镜头设计、素材采集和剪辑制作的项目流程和岗位需求进行小组人员分工。安排进度时，要考虑外拍的不确定性，提前做好备选方案，并在时间上留出冗余量。日程安排见表2-4所示。

表2-4 日程安排

日程	工作内容
第一周	镜头设计、录音
第二周	素材采集、剪辑制作

2. 镜头设计

（1）镜头提纲

使用镜头提纲，明确短片主旨，设计拍摄镜头，构想短片整体效果。根据本项目特征，对拍摄镜头预设部分做具体调整。镜头提纲见表2-5。

表 2-5 《我爱你 中国》才艺表演短片镜头提纲

项目：《我爱你 中国》才艺表演短片
1. 明确主旨
吉他演奏《我爱你 中国》，用才艺抒发爱国情。
2. 拍摄镜头预设
拍摄对象：演奏者和吉他，人物位置不移动。 拍摄场地：安静的公园，绿树较多。 镜头预设：拍摄演奏者表情、手部动作等；乐器细节特写、琴弦振动等；拍摄全景镜头，展现演奏全貌和环境特点；拍摄一些环境空镜头。 拍摄策略：双机位同时拍摄，变换景别和角度再拍摄，获得多种取景的视频素材。
3. 短片整体构想
短片开头可以用一些环境镜头，营造氛围。 演奏过程各种景别和角度的镜头切换，节奏要适中，符合曲子特点。 结尾可以使用虚焦，制造唯美隽永的效果。

（2）取景参考

对镜头提纲的部分镜头进行视觉化呈现，可以采用拍照或网络参考照片的呈现形式。取景参考图片如图 2-1 所示。

图 2-1 取景参考图片

素材采集

1. 音频录制

　　录音师使用专业传声器录制乐器演奏音频。使用传声器支架，将传声器固定在乐器声孔附近，保持适当距离，以免演奏时手部误触，如图 2-2 所示。

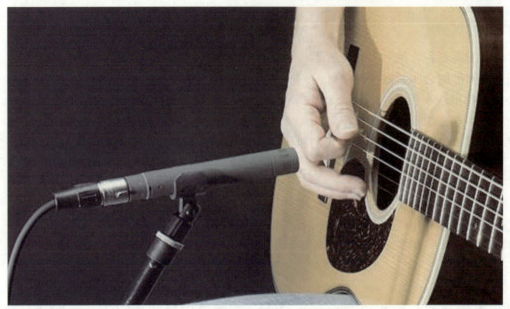

图 2-2　音频录制

2. 实拍素材采集

镜头示例 1：演奏全貌，如图 2-3 所示。

图 2-3　演奏全貌

内容：演奏者弹奏的全景，表现演奏者及环境。

拍摄：使用三脚架或稳定器保持镜头稳定。

镜头示例 2：演奏者表情，如图 2-4 所示。

图 2-4 演奏者表情

内容： 突出演奏者的面部表情。

拍摄： 近景镜头突出人物表情。使用三脚架保持镜头稳定，使用大光圈镜头和较长的焦距，获得浅景深效果。

镜头示例 3：手部特写，如图 2-5 所示。

图 2-5 手部特写

内容： 表现演奏时的手部动作。

拍摄： 使用三脚架保持镜头稳定，使用大光圈镜头和较长的焦距，获得浅景深效果，突出手部动作细节。

镜头示例4：环境镜头，如图2-6所示。

图2-6 环境镜头

内容： 表现优美隽永气质的环境镜头。

拍摄： 稳定器保持镜头稳定，使用长焦距和大光圈镜头，获得浅景深效果。利用前景的虚化，突出绿叶主体。

剪辑制作

1. 媒体资源管理

在开始剪辑工作前，规范建立项目文件夹体系，将所有素材分门别类地进行存储，并做至少一份备份，如图2-7所示。

项目文件夹	一级	二级	三级
	文稿剧本	文稿	
		分镜	
	原始素材	视频素材	客供
			拍摄
			网络
		音频素材	录音
			背景音乐
		字幕动画	
	工程文件		
	剪辑样片		

《我爱你 中国》项目文件夹

1 文稿剧本　2 原始素材　3 工程文件　4 剪辑样片

《我爱你 中国》项目文件夹 ＞ 2 原始素材 ＞

1 视频素材　2 音频素材

图2-7 项目文件夹体系

2. 新建项目

启动 Premiere 软件，单击"新建项目"按钮，在打开的"新建项目"对话框中更改项目存储位置到《我爱你 中国》项目文件夹"的"3 工程文件"子文件夹，修改项目名称为《我爱你 中国》，单击"确定"按钮，如图2-8所示。

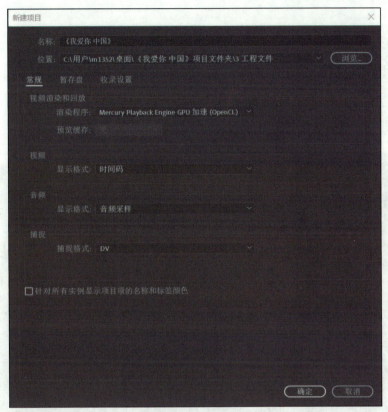

图 2-8 新建项目

3. 导入素材

在项目面板空白处单击鼠标右键，选择"导入"。在弹出的对话框中，定位到《我爱你 中国》项目文件夹"中的"2 原始素材"文件夹，全选子文件夹，单击"导入文件夹"按钮，如图 2-9 所示。系统会自动建立相对应的素材箱。

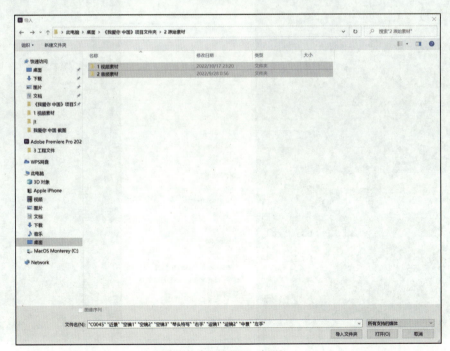

图 2-9 导入素材

4. 粗剪

1）多机位剪辑。

选中素材箱里的素材，单击鼠标右键，选择"创建多机位源序列"。在弹出的对话框中设置多机位源序列，将"视频剪辑名称"设为"主剪辑"，"同步点"设为"音频"，其他选项保持默认即可，如图 2-10 所示。

图 2-10　创建和设置多机位源序列

在生成的多机位源序列上单击鼠标右键，选择"从剪辑新建序列"，如图 2-11 所示。

图 2-11　新建序列

单击节目监视器面板下面的"设置"按钮，选择"多机位"，打开多机位视图，如图 2-12 所示。

图 2-12 打开多机位视图

在节目监视器面板中单击"播放"按钮。在左侧的多机位视图中适时选择机位，最后，软件会自动生成多机位剪辑，如图 2-13 所示。

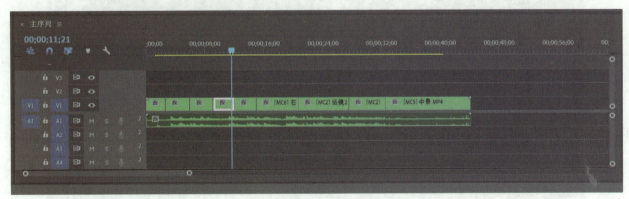

图 2-13 生成多机位剪辑

2）放入录音文件。

将之前录制的乐曲音频文件放入时间线面板，和多机位序列中的音频对齐，之后删除多机位序列中的音频轨道，替换为录音音频，如图 2-14 所示。

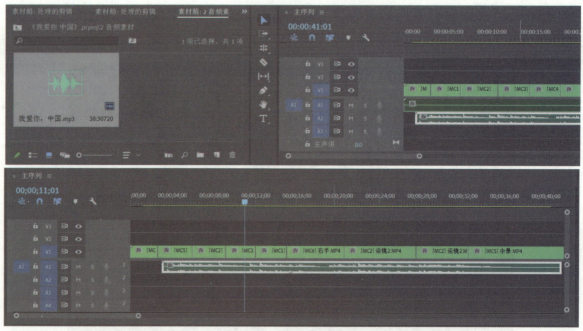

图 2-14　替换音频文件

3）添加空镜头和结尾国旗镜头。

在乐曲中间部分插入空镜头到视频轨道 2，删除视频轨道 1 中的原有素材，丰富画面，如图 2-15 所示。在乐曲结尾插入国旗素材，呼应主题，如图 2-16 所示。

图 2-15　插入空镜头

图 2-16　插入结尾国旗素材

5. 精剪

1）画面微调。

浏览视频，根据画面效果调整个别素材尺寸。国旗素材使用工作室原有素材，为 4K 拍摄，需要调节画面尺寸，如图 2-17 所示。

图 2-17　调整画面

2）颜色校正。

浏览视频，根据画面效果，对个别素材进行曝光和颜色校正。在软件上部单击"颜色"选项卡，进入调色工作区。在时间线面板中选中要校正的素材，在右侧的"基本校正"选项组中做适当调整，如图2-18所示。

图2-18　颜色校正

6. 输出成片

所有内容制作完成后，选择"文件"→"导出"→"媒体"，在弹出的对话框中，将"格式"设为H.264，将"预设"设为"匹配源－高比特率"，将"输出名称"设为"《我爱你 中国》.mp4"，将输出位置调整到"《我爱你 中国》项目文件夹"中的"4剪辑样片"文件夹，单击"导出"按钮进行渲染输出，如图2-19所示。

图 2-19 输出成片

拓展任务

寻找你班级中的才艺之星，按照《我爱你 中国》才艺表演短片的制作流程和方法，拍摄制作才艺表演视频。

📖 项目评价

请根据表2-6检查作品，并按完成情况填涂☆。

表2-6　项目评价表

评价项目	指标说明	完成情况
视频制作	拍摄素材清晰稳定；视频表意清晰；剪辑流畅，不同素材亮度匹配；无剪辑失误的跳帧与黑场；输出格式符合要求	☆☆☆☆☆
音频制作	同期录音清晰；后期配音与视频吻合；音乐、音效符合画面内容；不同素材音量匹配，整体音量适中	☆☆☆☆☆
字幕制作	显示清晰，字号适中；言语字幕与台词相符，说明性字幕精练明了；能帮助短片内容理解，不喧宾夺主	☆☆☆☆☆

📖 项目总结

项目过程中遇到哪些问题？
你和团队是如何解决的？
经过这个项目，你有什么收获？

至此我们完成了本项目的全部学习。请大家结合自己的项目学习体验，逐项给自己打分，绘制自己的"双五维"成长雷达图，如图2-20所示。

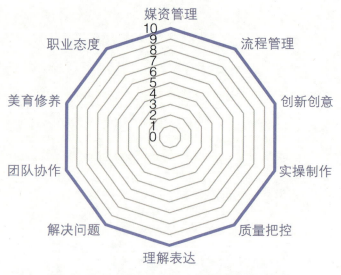

图2-20　项目2"双五维"成长雷达图

项目 3

《身边的榜样》人物采访短片制作

项目背景

　　青年是苦练本领、增长才干的黄金时期。不论是为了成就自己的人生理想，还是为了担当时代的神圣使命，青年都要珍惜韶华、不负青春，努力学习掌握科学知识，提高内在素质，锤炼过硬本领，使自己的思维视野、思想观念、认识水平跟上越来越快的时代发展。

学习指导

　　人物采访类短片的基本形态是以人物采访为主线，配合相应画面和背景音乐，以叙述故事、传递观点。通过《身边的榜样》人物采访短片制作项目，体验人物采访类短片制作流程，学习此类短片制作方法。

学习目标

1. 了解人物访谈类短片的一般制作流程。
2. 了解访谈问题设计思路。
3. 了解绘制分镜草图的作用和基本方法。
4. 能按要求完成素材采集工作。
5. 能参照镜头提纲完成短片剪辑。
6. 培养用镜头传递正能量的意识。
7. 弘扬精益求精的大国工匠精神。

学校学生发展中心发起"向身边的榜样学习"活动，计划制作一系列人物采访短片，宣传这些榜样的事迹，鼓励同学们向他们学习。项目任务单见表 3-1。

表 3-1 《身边的榜样》人物采访短片制作项目任务单

项目：《身边的榜样》人物采访短片制作			
	联系人姓名	职务	联系电话	工作单位 / 任职部门
委托人	×××	×× 主任	1390×××513	学生发展中心
受托人	×××	×× 主任	1381×××978	×× 融媒体工作室
背景意义	青年要珍惜韶华、不负青春，努力学习掌握科学知识，提高内在素质，锤炼过硬本领；发挥优秀生的模范带头作用，在全校范围内创设积极向上的学习氛围，增强校园活力		
短片内容	短片希望采用同学之间交流的形式，展现优秀学生的成长历程与未来构想，体现中职学生对生活的热爱与对未来的憧憬		
应用场景	学校公众号		
素材基础	采访主角提供了片头段落素材		
制作周期	4 周		
委托确认	委托人签名： 日期： 年 月 日		受委托人签名： 日期： 年 月 日

项目分析

从用户画像、艺术分析、技术分析三方面对工作项目进行分析，见表 3-2。

表 3-2 项目分析

项目	内容
用户画像	本采访短片主要用作微信公众号推广，主要受众为本校学生与家长。短片时长适宜在 3 分钟以内
艺术分析	本片以人物访谈为主线，配以相应的画面和适宜的背景音乐。叙事节奏和背景音乐应轻松自然
技术分析	短片用于微信公众号推广，1080P 分辨率可满足要求。素材以实拍素材为主，网络素材为辅。添加字幕有利于内容理解

实施准备

从人员需求、器材选择、场地选择、软件工具和素材基础几方面理清项目基础及实施的各项需求，见表 3-3。

表 3-3　实施准备

项目	内容
人员需求	镜头设计、摄像师、灯光师、采访人、受访者、剪辑师等
器材选择	选用微单和三脚架组合，必要的布光灯具，收声选用领夹传声器
场地选择	光照良好的实训教室，技术实操工位
软件工具	剪辑软件使用 Adobe Premiere
素材基础	采访主角提供了自制的片头素材

方案制定

1. 人员分工和进度安排

根据项目流程和岗位需求进行小组人员分工。安排进度时，要考虑受访者时间安排，提前要做好备选方案，并在项目时间上留出冗余量。日程安排见表 3-4。

表 3-4　日程安排

日程	工作内容
第一周	文稿撰写
第二周	镜头设计
第三周	素材采集
第四周	剪辑制作

2. 文稿撰写

（1）学习采访技巧

在准备阶段，不仅仅要确定采访时间与采访地点，还要明确要达到哪些目标。在制作访谈提纲时可以拟定相关问题的答案，考虑多种可能性。在采访开始之前，准备富足的时间，为采访对象营造安静与放松的环境。

在采访中，问题必须是开放式的，要让回答者有机会说话。原则上，需要引导问题，使采访对象适应采访氛围，找到自己的说话节奏。在访谈中，先提出简单的问题。复杂的、感性的问题，到采访后期再提出。

（2）撰写访谈提纲

设计访谈提纲如图 3-1 所示。

1）在班上大家都知道你是一个影迷，那你是因电影这一契机而想成为一名设计爱好者吗？（开始学习设计的缘起动机）

2）那刚开始时你的父母会支持你学习设计吗？

3）那你现在还那么喜欢玩游戏吗？在日常生活中又有什么样的爱好？（很多学生都喜欢业余时间做些娱乐活动，一直学习设计不枯燥吗？）

4）从你开始学设计到现在，设计对你的生活有什么影响？（坚持学习一项技能，对人的影响）

5）那你以后会从事设计相关的行业吗？（未来的打算）

6）那么你希望未来成为什么样的人？（换种方式问未来的打算）

图 3-1　访谈提纲

3. 镜头设计

（1）制作镜头提纲

根据在项目 1 中学习的策划镜头提纲的方法，制作本项目镜头提纲，见表 3-5。

表 3-5　《身边的榜样》人物采访短片镜头提纲

项目：《身边的榜样》人物采访短片制作
1. 明确主旨
树立身边的榜样，展现青年人不负韶华、追求梦想。
2. 拍摄镜头预设
角色特征： 主要人物为采访人和被采访人。他们是同学，镜头前不应过于正式。 活动内容： 主要内容为二人的采访过程。采访人提问题，被采访人回答。应有二人采访全貌的镜头，以及被采访人的近景或特写镜头。 拍摄一些被采访人进行设计实操的镜头。 根据谈话内容，拍摄其他相关的镜头。 环境特点： 光照良好的实训室，背景简洁，符合设计工作特点。
3. 短片整体构想
整体结构上以人物采访问答为主线，配合相应画面和背景音乐。 片头使用提供的素材。 中段根据对话内容，穿插一些相关的镜头和画面。 结尾用一组集锦镜头烘托氛围。

（2）绘制分镜草图

分镜草图又叫故事板，手绘或使用软件画出镜头预期形态，直观呈现镜头景别、角度等画面信息，如图 3-2 所示。分镜草图利于不同岗位人员理解导演意图，是行业通用的镜头设计方式。

图 3-2　分镜草图

素材采集

1. 实拍素材采集

镜头示例 1：单人近景，如图 3-3 所示。

图 3-3　单人近景

内容：被采访者的近景镜头。

拍摄：固定机位拍摄，近景镜头突出被采访者的神情。

镜头示例 2：双人中景，如图 3-4 所示。

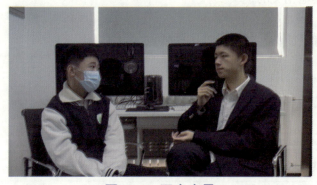

图 3-4　双人中景

内容： 采访者与受访者进行对话。

拍摄： 固定机位拍摄，中景镜头展现人物和环境。

镜头示例 3： 手部特写，如图 3-5 所示。

图 3-5　手部特写

内容： 表现认真努力，深夜进行海报设计。

拍摄： 使用三脚架固定拍摄，侧面拍摄手敲击键盘特写，将手放置在画面中央，突出实操动作。

2. 网络素材采集

使用网络素材注意保护知识产权。商业用途的短片要确保使用素材得到授权，公益用途的短片也要注意著作权法的相关要求。本项目搜集的部分网络素材如图 3-6 所示。

图 3-6　本项目搜集的部分网络素材

剪辑制作

1. 媒体资源管理

在开始剪辑工作前，规范建立项目文件夹体系，将所有素材分门别类地进行存储，并做至少一份备份，如图 3-7 所示。

	一级	二级	三级
项目文件夹	文稿剧本	文稿	
		分镜	
	原始素材	视频素材	客供
			拍摄
			网络
		音频素材	录音
			背景音乐
		字幕动画	
	工程文件		
	剪辑样片		

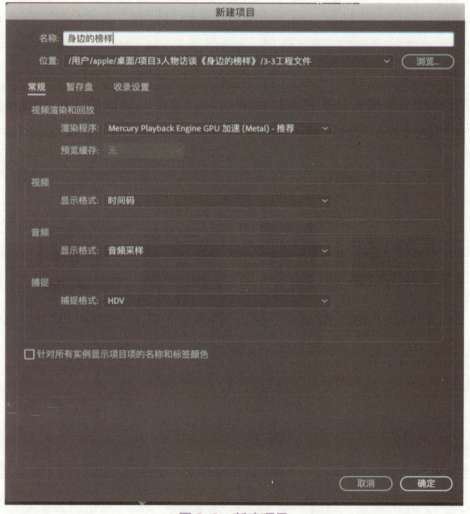

图 3-7　项目文件体系

2. 新建项目及序列

1）启动 Premiere 软件，单击"新建项目"按钮，在弹出的对话框中更改项目存储位置到"项目 3 人物访谈《身边的榜样》"文件夹的"3-3 工程文件"子文件夹，修改项目名称为"身边的榜样"，单击"确定"按钮，如图 3-8 所示。

图 3-8　新建项目

2）在菜单栏选择"文件"→"新建"→"序列"选项，弹出"新建序列"对话框。单击"设置"选项卡，将"编辑模式"设为"自定义"；在"视频"选项组中设置"帧大小"参数，将"水平"设为1920、"垂直"设为1080，将"像素长宽比"设为"方形像素（1.0）"，将"场"设为"无场（逐行扫描）"；将"序列名称"设为"身边的榜样"，如图3-9所示。

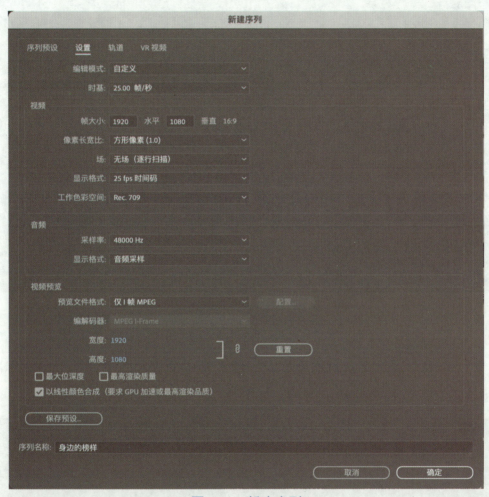

图 3-9　新建序列

3. 导入素材

1）在项目面板中新建素材箱。为方便剪辑，按照素材类型分别建立素材箱，如图3-10所示。

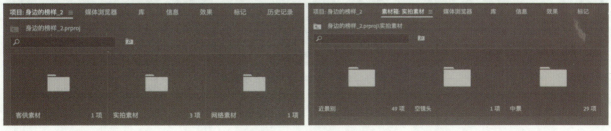

图 3-10　建立素材箱

2）将媒体资源管理环节整理好的实拍素材和网络素材导入相应的素材箱，如图 3-11 所示。

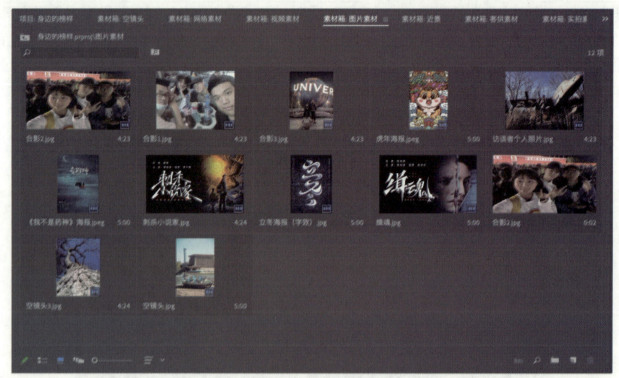

图 3-11　导入素材

4. 粗剪

1）从素材箱中，将片头素材拖曳到时间线面板中的视频轨道，然后将"标准录音 9"拖拽到音频轨道，完成片头的初步剪辑，如图 3-12 所示。

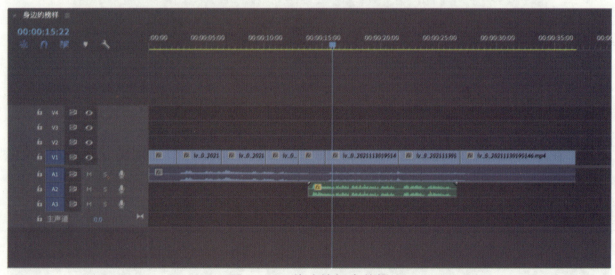

图 3-12　片头的初步剪辑

2）将采访素材放到时间线面板上，体现访谈过程的完整性，如图3-13所示。

图3-13　加入采访素材

3）根据整体设计，将其他素材和背景音乐放入时间线面板，丰富短片内容。如在采访中呼应对话内容，插入被采访者在电影院、和同学讨论等镜头。此类效果增强的画面素材放置到视频轨道2中。加入其他素材如图3-14所示。

图3-14　加入其他素材

5. 精剪

1）调整镜头画面。为插入电影海报制作模糊背景。按住Alt键，在时间线面板选择海报素材并拖曳复制一层到上方的轨道，之后单击下方轨道，在效果控件面板中将"缩放"设置为300，使海报素材铺满整个屏幕，如图3-15所示。将效果面板中的"高斯模糊"效果拖曳到下方轨道的海报上，在效果控件面板中将"模糊度"设为30，如图3-16所示。至此，海报的模糊背景制作完成，如图3-17所示。

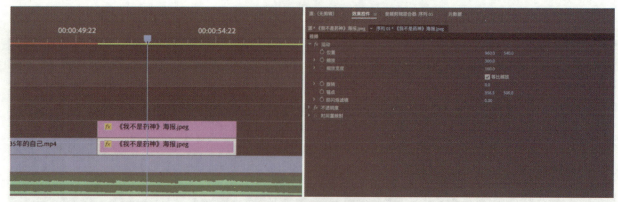

图 3-15　复制图片

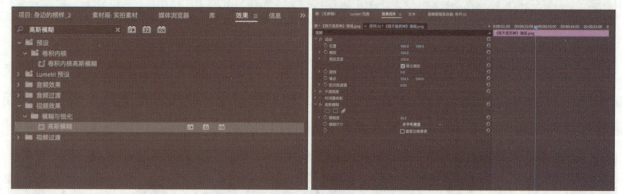

图 3-16　添加并设置"高斯模糊"效果

图 3-17　海报的模糊背景

2）调节素材音量。调节背景音乐音量，突出访谈内容。在需要调整的素材上单击鼠标右键，选择"音频增益"，输入 -12（dB）。调节素材音量后的时间线面板如图 3-18 所示。

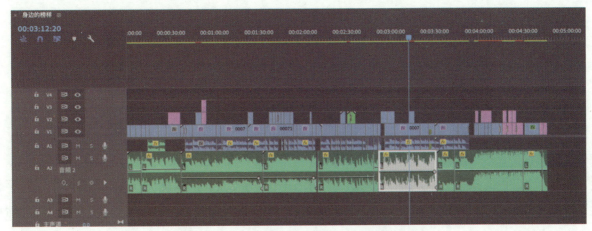

图3-18　调节素材音量后的时间线面板

3）整体浏览短片，适当调节个别素材的长度和剪辑点，完成短片精剪。

6.优化

1）颜色调整。

选择"片头"素材，打开 Lumetri 颜色面板。单击"曲线"，在"RGB 曲线"中，用鼠标调整暗部亮度，如图3-19所示。

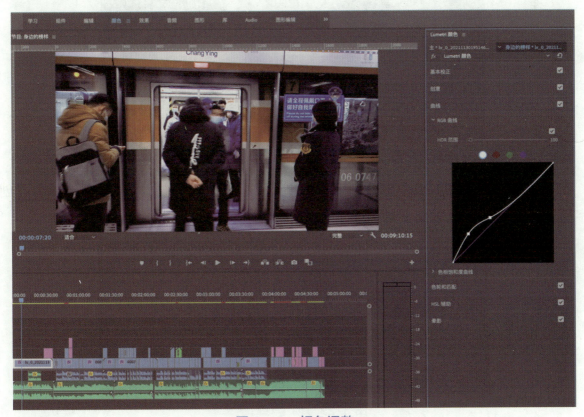

图3-19　颜色调整

2）添加字幕。

选择"文件"→"新建"→"旧版标题"，在打开的对话框中将"名称"设为"片头字幕"，如图3-20所示。

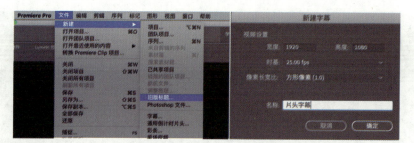

图 3-20　新建片头字幕

选择"文字工具",分别输入"侯""咏"两个字,将字体设为"思源黑体",将字体样式设为"normal",将"字体大小"设为300,将颜色为红色,选择"选择工具",拖曳文字到画面偏右侧位置,如图3-21所示。

图 3-21　输入并设置文字

在工作界面上方单击"字幕"选项卡切换工作区布局,在文本面板中,单击"创建新字幕轨"按钮,创建对白字幕,如图3-22所示。

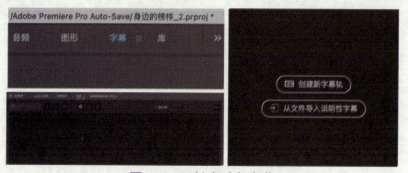

图 3-22　创建对白字幕

在弹出的对话框中,将"格式"设为"副标题",单击"确定"按钮;在文本面板中单击"添加新字幕分段"按钮,字幕轨添加一个新字幕分段;在文本面板中双击文本内容,可以修改文本内容,如图3-23所示。依次输入文本,可在时间线面板的字幕轨上拖曳字幕分段，以调整字幕显示的时间。

在右侧的基本图形面板中，设置文本大小和字体，将"填充"设为白色、"投影"设为黑色，如图 3-24 所示。

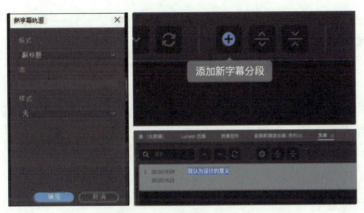

图 3-23　添加字幕分段　　　　　　　　　图 3-24　调整字幕文本

每屏字幕的字数不宜过多，要注意断句和对白连贯性。片尾字幕可以参考片头字幕制作方式。将所有字幕添加到视频中，完成字幕制作，如图 3-25 所示。

图 3-25　完成字幕制作

7. 输出成片

所有内容制作完成后，就可以选择"文件"→"导出"→"媒体"，进行渲染输出。

拓展任务

请按照《身边的榜样》人物采访短片制作的流程和方法，制作你们的《我们身边的榜样》人物采访短片。

项 目 评 价

请根据表3-6检查作品，并按完成情况填涂☆。

表3-6 项目评价表

评价项目	指标说明	完成情况
视频制作	拍摄素材清晰稳定；视频表意清晰；剪辑流畅，不同素材亮度匹配；无剪辑失误的跳帧与黑场；输出格式符合要求	☆☆☆☆☆
音频制作	同期录音清晰；后期配音与视频吻合；音乐、音效符合画面内容；不同素材音量匹配，整体音量适中	☆☆☆☆☆
字幕制作	显示清晰，字号适中；言语字幕与台词相符，说明性字幕精练明了；能帮助短片内容理解，不喧宾夺主	☆☆☆☆☆

项 目 总 结

项目过程中遇到哪些问题？
你和团队是如何解决的？
经过这个项目，你有什么收获？

至此我们完成了本项目的全部学习。请大家结合自己的项目学习体验，逐项给自己打分，绘制自己的"双五维"成长雷达图，如图3-26所示。

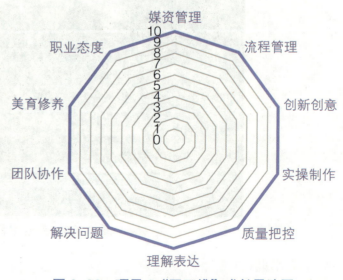

图3-26 项目3"双五维"成长雷达图

项目 4

《光盘行动》新闻短片制作

《光盘行动》新闻
短片制作

项目背景

　　自 2013 年全国开展"光盘行动"以来，"舌尖上的浪费"明显好转，然而，不少消费者的消费理念以及讲排场的心理还未根本扭转。2017 年 8 月，各地响应中央号召，掀起新一轮"光盘行动"热潮。商务部、中央文明办联合发出通知，推动餐饮行业厉行勤俭节约，引导全社会大力倡导绿色生活、反对铺张浪费。各地餐饮业联合倡议绿色餐饮，"光盘再行动"在各地得到进一步落实。

学习指导

　　新闻短片的基本元素是采访问答、旁白解说和新闻画面。通过《光盘行动》这个校园新闻短片制作项目，体验新闻短片的基本制作流程，学习此类短片制作方法。

学习目标

1. 了解新闻短片的一般制作流程。
2. 了解新闻短片项目设计思路。
3. 能按要求完成素材采集工作。
4. 能参照设计台本完成短片剪辑工作。
5. 培养用镜头传递正能量的意识。
6. 弘扬精益求精的大国工匠精神。

"光盘行动"倡导厉行节约，反对铺张浪费。学校学生发展中心计划制作宣传"光盘行动"的校园新闻片，展现校园文明用餐和"光盘行动"效果。项目任务单见表 4-1。

表 4-1 《光盘行动》新闻短片制作任务单

项目：《光盘行动》新闻短片制作				
	联系人姓名	职务	联系电话	工作单位 / 任职部门
委托人	×××	×× 主任	1390×××513	学生发展中心
受托人	×××	×× 主任	1381×××978	×× 融媒体工作室
背景意义	针对部分学校存在食物浪费和学生节俭意识缺乏的问题，切实加强引导和管理，培养学生勤俭节约的良好美德。"光盘行动"对社会发展有积极意义			
短片内容	短片希望采用同学采访拍摄的形式，展现校园文明用餐和"光盘行动"效果，带观众了解"光盘行动"在学校开展活动以后的实施效果情况			
应用场景	学校公众号			
素材基础	暂无			
制作周期	1 个月			
委托确认	委托人签名：　　　　　　　　　　受委托人签名：			
	日期：　年　月　日　　　　　　日期：　年　月　日			

项目分析

从用户画像、艺术分析、技术分析对工作项目进行分析，见表 4-2。

表 4-2 项目分析

项目	内容
用户画像	本项目短片主要用作微信公众号推广，主要受众为本校学生与家长。短片体现专业特色，可以提升学生与家长对于专业和学校认可度
艺术分析	本片以人物对话为主，配以相应的画面和适宜的背景音乐。叙事节奏和背景音乐体现轻松自然
技术分析	短片用于微信公众号推广，1080P 分辨率可满足要求。素材以实拍素材为主，网络素材为辅。设置相应字幕有利于对内容的理解

实施准备

从人员需求、器材选择、场地选择、软件工具和素材基础几方面理清项目基础及实施的各项需求，见表 4-3。

表 4-3   实施准备

项目	内容
人员需求	镜头设计、摄像师、灯光师、采访人员、受访者、剪辑师等
器材选择	拍摄选用单反相机、数码摄像机、三脚架、传声器
场地选择	学生就餐环境、被采访人办公室、校园等
软件工具	剪辑软件使用 Adobe Premiere
素材基础	片头视频素材

方案制定

1. 人员分工和进度安排

根据镜头设计、素材采集和剪辑制作的项目流程和岗位需求进行小组人员分工。安排进度时，要考虑受访者时间安排，提前做好备选方案，并在项目时间上留出冗余量。日程安排见表 4-4。

表 4-4   日程安排

日程	工作内容
第一周	镜头设计
第二周	素材采集
第三周	剪辑制作
第四周	作品优化

2. 文稿撰写

新闻台本是新闻短片制作项目必备的设计文稿，包含新闻短片的引导语、旁白、记者问题、被采访人回答的预设等，如图 4-1 所示。新闻台本的内容可以包含有代表性的被采访人、采访问题、被采访人的回答预设、采访和报道地点等。

本项目中需要设计新闻报道的开篇引导语、采访同学画面、活动的画面、领导对于活动意义与活动效果的阐述，这四部分共同组成新闻短片。

新闻台本

记者：

谁知盘中餐，粒粒皆辛苦。我们在享受"舌尖上的美味"的同时，也要厉行节约，狠刹"舌尖上的浪费"之风。学校倡导合理膳食、厉行节约，开展"光盘行动"。我们来了解一下同学们是如何理解与践行的。

同学 1：

在学校就餐做到"光盘"，会让餐厅的工作人员感觉付出有所值，辛苦也快乐。吃光自己盘中的食物，这对我们来说是多么容易的事情，但它能节约资源，减少环境污染，还能彰显美德。

同学 2：

珍惜粮食就是珍惜自己或别人的劳动成果。我们怎么能忍心践踏一个人的劳动成果？让我们共同来节约粮食，来帮助世界各地需要的人。

老师：

我们迫切地需要让学生们学习一下"光盘"精神，让学生们厉行节约，养成很好的节约习惯，所以我们开展了"光盘行动"的主题活动，进行了主题宣讲、班级竞赛等系列活动，让身边更多的人来了解"光盘"精神，学习"光盘"精神。

记者：

我们的浪费建立他人的辛勤耕耘之上；我们倒下的是自己碗中的剩饭，而流走的却是他人辛劳的汗水。"光盘行动"，从我做起，从现在做起。合理膳食，珍惜粮食。

图 4-1　新闻台本

3. 镜头设计

使用镜头提纲，明确短片主旨，设计拍摄镜头，构想短片整体效果，见表 4-5。

表 4-5　《光盘行动》新闻短片镜头提纲

项目：《光盘行动》新闻短片制作
1. 明确主题
文明用餐、厉行节约，倡导中职学生节约粮食，践行"光盘行动"。
2. 拍摄镜头预设
角色特征： 主要内容为记者和不同受访者，受访者为同学和老师。 活动内容： 主要内容为不同受访者对于"光盘行动"的认识，说出自己的理解。短片重点突出受访者的表达。镜头以受访者中景和近景为主。 需要添加一些用餐的场景内容与学生文明用餐的画面。 环境特点： 采用随机采访和固定采访的形式，在校园内不同场景进行针对主题的采访，记录受访者的讲述。
3. 短片整体构想
短片设计以专题采访形式呈现，以记者开场、同学受访、领导总结的顺序安排内容，在采访的画面中穿插学生就餐的画面，增强画面表现力。

素材采集

实拍素材采集

镜头示例1：记者镜头，如图 4-2 所示。

图 4-2   记者镜头

内容：记者围绕主题讲述开场内容。

拍摄：摄像机调整高度，使摄像机镜头与人物在同一水平线上，保持平拍。人物位于画面中心位置，突出被拍摄主体。

镜头示例2：采访近景，如图 4-3 所示。

图 4-3   采访近景

内容：在专业实训室，受访者讲述自己对"光盘行动"的理解。

拍摄：固定镜头拍摄。近景镜头，水平拍摄，将主体置于画面中心位置，突出拍摄人物。

镜头示例 3：用餐镜头，如图 4-4 所示。

图 4-4 用餐镜头

内容： 文明用餐，将食物吃干净，体现"光盘行动"的践行效果。

拍摄： 使用数码摄像机俯角拍摄。突出餐盒中的菜吃得干净，用近景镜头表现吃光食物。

剪辑制作

1. 媒体资源管理

在开始剪辑工作前，规范建立项目文件夹体系，将所有素材分门别类地进行存储，并做至少一份备份，如图 4-5 所示。

	一级	二级	三级
项目文件夹	文稿剧本	文稿	
		分镜	
	原始素材	视频素材	客供
			拍摄
			网络
		音频素材	录音
			背景音乐
		字幕动画	
	工程文件		
	剪辑样片		

图 4-5 项目文件体系

2. 新建项目及序列

1）启动 Premiere 软件，单击"新建项目"按钮，在弹出的对话框中更改项目存储位置到项目文件夹的"3 工程文件"子文件夹，修改项目名称为"光盘行动"，单击"确定"按钮，如图 4-6 所示。

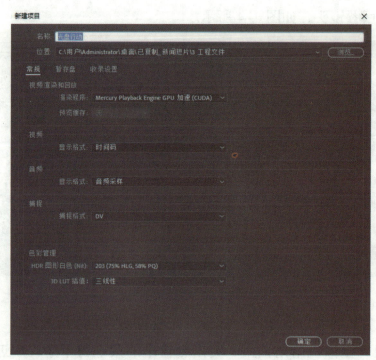

图 4-6　新建项目

2）在菜单栏选择"文件"→"新建"→"序列"选项，弹出"新建序列"对话框。单击"设置"选项卡，将"编辑模式"设为"自定义"；在"视频"选项组中设置"帧大小"，将"水平"设为 1920、"垂直"设为 1080，将"像素长宽比"设为"方形像素（1.0）"，将"场"设为"无场（逐行扫描）"；将"序列名称"设为"主序列"。单击"确定"按钮，新建序列，如图 4-7 所示。

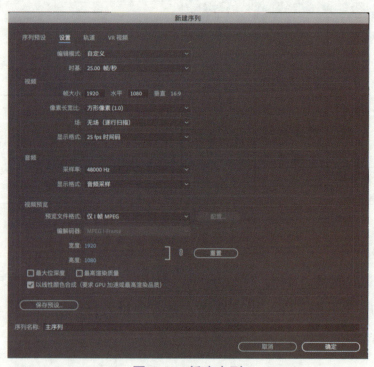

图 4-7　新建序列

3. 导入素材

新建素材箱并导入素材。为方便剪辑，按照素材类型，在项目面板中分别建立"记者""采访""活动"素材箱。将前期媒体资源管理环节整理好的拍摄素材导入相应的素材箱，如图 4-8 所示。

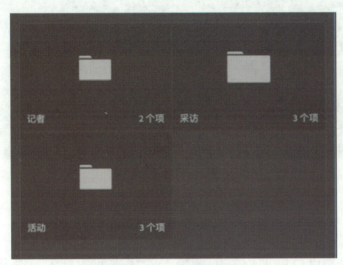

图 4-8　导入素材

4. 粗剪

根据新闻台本和镜头设计，按照设定的内容结构，依次将记者镜头、采访镜头导入时间线面板，并进行初步剪辑。

1）从素材库中对应的素材箱中将记者镜头的素材拖曳到视频轨道，然后依次将采访学生和采访老师的素材导入时间线面板，如图 4-9 所示。

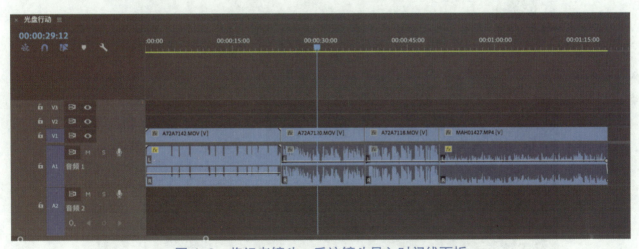

图 4-9　将记者镜头、采访镜头导入时间线面板

2）根据前期画面设计，将不同类型的学生用餐画面分别放到时间线面板上，体现内容完整性和画面丰富性。在粗剪阶段，按照整体设计进行素材剪接，尽可能多地保留相关内容，避免重要内容错漏，如图 4-10 所示。

图 4-10   粗剪

5. 精剪

1）调整镜头画面。

在精剪阶段首先要进行画面内容的调整，强化画面表现力。本片中，受访者所说内容较多，应筛选关键点，保留到项目中，增强主题表现力。剪辑点应选择在受访者完整一句话的结束，避免出现半句话或话没说完的情况。

影片设计了领导总结活动意义与效果部分，由于领导受访话语较多，为丰富内容，插入部分活动视频，如学生用餐素材（见图 4-11），不仅可以丰富画面观感，增强画面表现力，还可以增强新闻报道的真实性。

图 4-11   学生用餐素材

2）调节素材音量。

精剪时要统一素材的音量大小。在菜单栏选择"窗口"→"基本声音"，如图 4-12所示，打开基本声音面板。

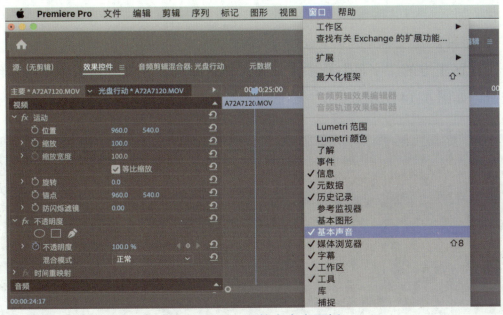

图 4-12　打开基本声音面板

在时间线面板中选择全部声音，在基本声音面板中"响度"选项组中单击"自动匹配"按钮，完成音量的统一调整，如图 4-13 所示。

图 4-13　音量的统一调整

6. 优化

1）对白字幕。

单击工作区上方的"字幕"选项卡切换工作区布局，在文本面板中单击"创建新字幕轨"按钮，如图 4-14 所示。

图 4-14   单击"创建新字幕轨"按钮

在弹出的"新字幕轨道"对话框中，将"格式"设为"副标题"，单击"确定"按钮，如图 4-15 所示。在字幕轨添加一个新字幕分段，双击文本内容，修改文本。

图 4-15   "新字幕轨道"对话框

依次添加字幕分段，输入文本，在时间线面板上拖曳，调整字幕分段的位置。添加对白字幕后的效果如图 4-16 所示。

图 4-16　添加对白字幕后的效果

2）人物名条。

在菜单栏选择"文件"→"新建"→"旧版标题"，如图 4-17 所示，打开"新建字幕"对话框，单击"确定"按钮，弹出字幕编辑界面。

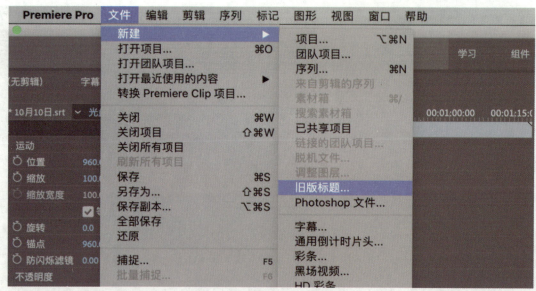

图 4-17　创建旧版标题

在字幕编辑界面左侧选择"矩形工具" ▭，用鼠标在图像区域绘制矩形，在右侧旧版标题属性面板的"填充"选项组中将"颜色"设为蓝色，设置文字底纹，如图 4-18 所示。

图 4-18　设置文字底纹

选择"文字工具" T，用鼠标在图像区域单击，并输入"记者小新"，在图像区域上方设置文字属性为"思源黑体""normal""白色"。选择"选择工具" ▶，用鼠标拖曳文字，使其与背景颜色重合，如图 4-19 所示。

图 4-19　设置文字属性

　　关闭字幕编辑界面，将字幕素材拖曳到时间线相应位置，并按此方法，为其他人设置人物名条。

7. 输出成片

　　所有内容制作完成后，就可以选择"文件"→"导出"→"媒体"，进行渲染输出。

拓展任务

按照《光盘行动》新闻短片的制作流程和方法，拍摄一部校园新闻片。

项目评价

请根据表4-6检查作品，并按完成情况填涂☆。

表4-6　项目评价表

评价项目	指标说明	完成情况
视频制作	拍摄素材清晰稳定；视频表意清晰；剪辑流畅，不同素材亮度匹配；无剪辑失误的跳帧与黑场；输出格式符合要求	☆☆☆☆☆
音频制作	同期录音清晰；后期配音与视频吻合；音乐、音效符合画面内容；不同素材音量匹配，整体音量适中	☆☆☆☆☆
字幕制作	显示清晰，字号适中；言语字幕与台词相符，说明性字幕精练明了；能帮助短片内容理解，不喧宾夺主	☆☆☆☆☆

项目总结

项目过程中遇到哪些问题？
你和团队是如何解决的？
经过这个项目，你有什么收获？

至此我们完成了本项目的全部学习。请大家结合自己的项目学习体验，逐项给自己打分，绘制自己的"双五维"成长雷达图，如图4-20所示。

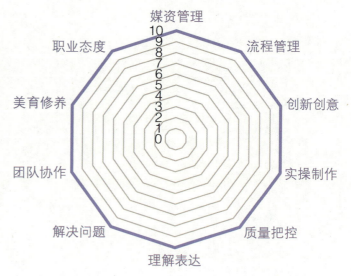

图4-20　项目4"双五维"成长雷达图

项目 5

《数说北京地
铁》公益短
片制作

项目背景

　　1971 年北京地铁一期工程开始试运营，到 2021 年已走过 50 个年头。这一年也是中国共产党成立百年。百年来，党带领全国人民为实现中华民族伟大复兴，筚路蓝缕，书写华美的篇章。而北京地铁也从最开始的一条线路，发展到 21 条，日均客运量突破千万大关。北京地铁的蓬勃发展，从一个侧面展现着在党的带领下祖国的繁荣发展。

学习指导

　　解说类公益短片在我们生活中很常见，它的基本元素是旁白、画面和音乐。三者的紧密匹配，使短片传递观点，烘托情绪。通过《数说北京地铁》公益短片制作项目，你会完整体验解说类公益短片制作流程，学习此类短片制作方法。

学习目标

1. 了解解说类公益短片的一般制作流程。
2. 了解素材对照表的结构和用法。
3. 能对照客户文稿，使用素材对照表完成镜头设计。
4. 能按要求完成素材采集工作。
5. 能参照素材对照表完成短片剪辑工作。
6. 培养用镜头讲好中国故事的意识。
7. 弘扬精益求精的大国工匠精神。

北京地铁公司计划制作一个展现首都地铁发展的短片，希望带观众感受祖国的发展。项目任务单见表 5-1。

表 5-1 《数说北京地铁》公益短片制作任务单

项目：《数说北京地铁》公益短片制作			
	联系人姓名	职务	联系电话	工作单位 / 任职部门
委托人	×××	×× 经理	1369××××577	地铁公司
受托人	×××	×× 主任	1381××××978	×× 融媒体工作室
背景意义	1971 年北京地铁一期工程开始试运营，到 2021 年已走过 50 个年头。这一年也是中国共产党成立百年。百年来，党带领全国人民为实现中华民族伟大复兴，筚路蓝缕，书写华美的篇章。而北京地铁也从最开始的一条线路，发展到 21 条，日均客运量突破千万大关。北京地铁的蓬勃发展，从一个侧面展现着在党的带领下祖国的繁荣发展		
短片内容	短片希望采用年轻人导游的形式，引领大家了解地铁的发展。通过展现首都地铁的发展历程，带观众感受祖国经济的腾飞、科技的进步、文化的繁荣		
应用场景	地铁公司微信公众号宣传		
素材基础	地铁公司已经撰写了短片文稿，提供了部分图片和视频资料		
制作周期	1 个月		
委托确认	委托人签名： 日期：　年　月　日		受委托人签名： 日期：　年　月　日

从用户画像、艺术分析、技术分析三方面对工作项目进行分析，见表 5-2。

表 5-2 项目分析

项目	内容
用户画像	本公益短片主要用作微信推广，这就要考虑移动端观众的观看习惯。移动端人群注意力转移快，短片时长控制在三分钟内
艺术分析	本片类型是解说词铺底，配以相应的画面和适宜的背景音乐。叙事节奏和背景音乐尽量轻快
技术分析	短片用于微信推广，1080P 分辨率可满足要求。素材以网络素材为主，实拍素材为辅。文稿中凸显数字的部分，需要使用动画效果

实施准备

从人员需求、器材选择、场地选择、软件工具和素材基础几方面理清项目基础及实施的各项需求，见表 5-3。

表 5-3　实施准备

项目	内容
人员需求	镜头设计、摄像师、灯光师、场记员、演员、剪辑师等
器材选择	外拍选用微单相机和稳定器的组合，收声选用领夹传声器，兼顾质量和便携度
场地选择	视频剪辑工作室；录音棚或安静的屋子；代表性的地铁站或场景
软件工具	剪辑软件使用 Adobe Premiere
素材基础	地铁公司提供了部分图片和视频资料，并且撰写了短片文稿，段落清晰，文字量适中

方案制定

1. 人员分工和进度安排

根据镜头设计、素材采集和剪辑制作的项目流程和岗位需求，进行小组人员分工。安排进度时，要考虑外拍的不确定，提前要做好备选方案，并在时间上留出冗余量。日程安排见表 5-4。

表 5-4　日程安排

日程	工作内容
第一周	镜头设计
第二周	素材采集
第三周	剪辑制作
第四周	作品优化

2. 镜头设计

（1）工具：素材对照表

素材对照表作为文稿分析、镜头设计工具，是解说类短片制作的重要工具。表格横向呈现段落、解说词、画面、效果等解说类短片关键元素，纵向代表短片时间顺序。

客户提供的文稿段落清晰，文字量合理，可以直接将文稿分段填入素材对照表相应位置，如图 5-1 所示。

数说北京地铁				
段落	解说词&同期声	画面	字幕、动画	备注
【1】开头 约 20 秒	在党的领导下，我们身处一个繁荣富强的新时代。作为一名中学生，每天上下学乘坐的地铁，从一个侧面，观察着首都这些年的发展变化。 今天，我要用数字来讲述它。开始我们的地铁之旅吧！			
【2】一号线 约 35 秒	北京地铁一期工程于 1965 年 7 月 1 日开工建设，其线路沿长安街自西向东。开工典礼当天，毛主席亲自为北京地铁题词。 1969 年 10 月 1 日，国庆20周年，第一条地铁线路建成通车。 虽然全长只有 23.6 千米，共 17 座车站，但这使北京成为中国第一个拥有地铁的城市。			

图 5-1　将文稿填入素材对照表

（2）方法：提取关键词，分析联想，逐句设计

下面以文稿前两个段落为例。

文稿段落一如图 5-2 所示。

> 　　在党的领导下，我们身处一个繁荣富强的新时代。作为一名中学生，每天上下学乘坐的地铁，从一个侧面，观察着首都这些年的发展变化。
> 　　今天，我要用数字来讲述它。开始我们的地铁之旅吧！

图 5-2　文稿段落一

"在党的领导下，我们身处一个繁荣富强的新时代。"句子中，"繁荣富强"是画面设计的关键词，我们自然能联想到城市的高楼大厦、车来车往，既然是地铁主题，则可以使用地铁列车穿梭行驶的镜头。

"作为一名中学生，每天上下学乘坐的地铁，从一个侧面，观察着首都这些年的发展变化。"句子，可以使用学生等车的镜头、车站牌、地铁行驶等。

"今天，我要用数字来讲述它。开始我们的地铁之旅吧！"这句是第一人称的口吻，应该使用主角出镜的画面。

文稿段落二如图 5-3 所示。

> 　　北京地铁一期工程于1965年7月1日开工建设，其线路沿长安街自西向东。开工典礼当天，毛主席亲自为北京地铁题词。
> 　　1969年10月1日，国庆20周年，第一条地铁线路建成通车。
> 　　虽然全长只有23.6千米，共17座车站，但这使北京成为中国第一个拥有地铁的城市。

图 5-3　文稿段落二

"北京地铁一期工程于 1965 年 7 月 1 日开工建设，其线路沿长安街自西向东。"这一句中有历史时刻，但年代久远，影像资料恐怕难以找到，但应能找到当时的新闻图片。

"开工典礼当天，毛主席亲自为北京地铁题词。"配合毛主席的题词照片。

"1969 年 10 月 1 日，国庆 20 周年，第一条地铁线路建成通车。"还是历史时刻，需要当年的影像资料。

"虽然全长只有 23.6 千米，共 17 座车站，但这使北京成为中国第一个拥有地铁的城市。"本片片名《数说北京地铁》，文稿中也有大量的数据，这些数据生动体现了首都的建设成就，展现了祖国的发展，所以突出呈现这些数据很重要。后半句的"第一个"为关键词，可以使用动态数字突出，也可以选择让主角出镜强调。

梳理后将画面设计填入素材对照表，如图 5-4 所示。

数说北京地铁				
段落	解说词&同期声	画面	字幕、动画	备注
【1】开头 约 20 秒	在党的领导下，我们身处一个繁荣富强的新时代。作为一名中学生，每天上下学乘坐的地铁，从一个侧面，展现着首都这些年的发展变化。 今天，我要用数字来讲述它。开始我们的地铁之旅吧！	延时摄影：站台，地铁列车驶入开出，人员上下。 不同地铁线站牌（突出显示数字），快速切换（照片）； 列车行驶，多个，不同方向角度，剪辑到一起； 主角在站台，对镜说话。	片名《数说北京地铁》	
【2】一号线 约 35 秒	北京地铁一期工程于 1965 年 7 月 1 日开工建设，其线路沿长安街自西向东。开工典礼当天，毛主席亲自为北京地铁题词。 1969 年 10 月 1 日，国庆 20 周年，第一条地铁线路建成通车。 虽然全长只有 23.6 千米，共 17 座车站，但这使北京成为中国第一个拥有地铁的城市。	主角在 1 号线车站（体现老地铁历史感的背景）说话（或在地面上拍，天安门东站，画面中有雄伟的天安门）； 配：施工图片若干、毛主席题词 配：视频《北京记忆：1969 年的第一条地铁建成》片段 配：视频《一号线数据》 主角，一号线站台，说话，竖起大拇指。	字幕：从无到有 1965 年 7 月 1 日 1969 年 10 月 1 日	

图 5-4   将镜头设计填入素材对照表

后面的段落，依此方法逐一完成画面设计，填写素材对照表。之后梳理所有需要的素材，视频素材基本可以分为已有素材、实拍素材和网络搜集素材几类，声音素材有现场声、后期配音和背景音乐，字幕动画素材主要是展示突出数据的内容。将它们做分类分色标注，为后面的项目实施环节做准备。

素材采集

1. 实拍素材采集

镜头示例 1：地铁镜头，如图 5-5、图 5-6 所示。

图 5-5　地铁镜头（始）　　　　　　图 5-6　地铁镜头（尾）

内容： 地铁驶来的镜头，表现地铁作为短片主角。

拍摄： 斜前方拍摄地铁车头，由远到近的地铁在画面中由小到大，并且车身线条在画面中形成透视线，增强了画面的动感。使用稳定器将相机举高，使用相机的翻转屏检查镜头取景。

镜头示例 2：代表元素镜头，如图 5-7、图 5-8 所示。

图 5-7　代表元素镜头 1　　　　　　图 5-8　代表元素镜头 2

内容： 车站内具有代表性的视觉元素。

拍摄： 固定镜头拍摄，画面中尽量有移动元素，如进站的乘客，以增加画面的动感。

镜头示例 3：人物跟随镜头，如图 5-9、图 5-10 所示。

图 5-9　人物跟随镜头（始）　　　　　图 5-10　人物跟随镜头（尾）

内容： 演员边说边走上地铁台阶，出站后望向天安门。

拍摄： 使用稳定器跟随拍摄。一开始取景用中景，要兼顾人物动作、表情和周围环境。后随着主角出站望向天安门，移动相机，取景由人物近景到天安门的环境镜头。

2. 网络素材采集

使用网络素材注意保护知识产权。商业用途的短片要确保使用素材得到授权，公益用途的短片也要注意著作权法的相关要求。本片搜集的网络素材如图 5-11 所示。

2018年北京地铁宣传片 - 1.2018(Av542278013,P1).mp4
北京地铁卫星地图动态发展演示（1971—2021）.mp4
北京地铁宣传片：《这里是北京：一座流动的城市》(Av4471182,P1).mp4
图：80年代车站内景.jpg
图：90年代车站大客流.jpg
图：北京地铁规划图.jpg
图：北京地下铁道参观券（复制件）.jpg
图：地铁图1、2、13号线.jpg
图：票价电子牌.jpg
图：申奥成功 萨马兰奇.jpg

图 5-11 网络素材

剪辑制作

1. 媒体资源管理

在开始剪辑工作前，规范建立项目文件夹体系，将所有素材分门别类地进行存储，并做至少一份备份，如图 5-12 所示。

	一级	二级	三级
项目文件夹	文稿剧本	文稿	
		分镜	
	原始素材	视频素材	客供
			拍摄
			网络
		音频素材	录音
			背景音乐
		字幕动画	
	工程文件		
	剪辑样片		

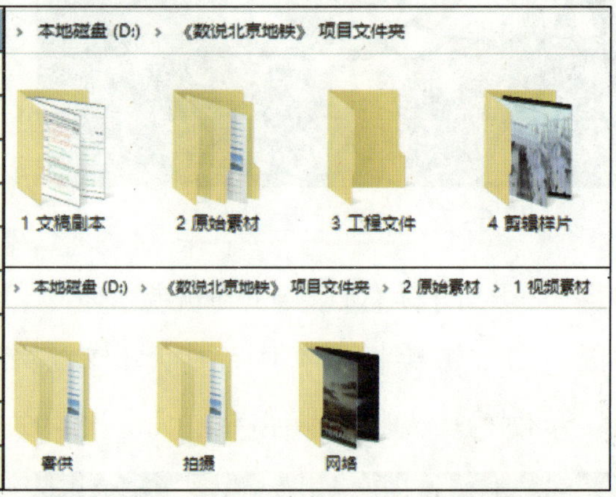

图 5-12 项目文件夹体系

2. 新建项目及序列

1）启动 Premiere 软件，单击“新建项目”按钮，在弹出的对话框中更改项目存储位置到“《数说北京地铁》项目文件夹”的“3 工程文件”子文件夹，修改项目名称为“数说北京地铁”，单击“确定”按钮，如图 5-13 所示。

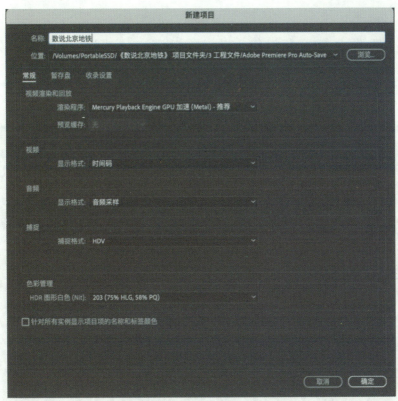

图 5-13 新建项目

2）在菜单栏选择"文件"→"新建"→"序列"选项，弹出"新建序列"对话框。单击"设置"选项卡，将"编辑模式"设为"自定义"；在"视频"选项组中设置"帧大小"，将"水平"设为 1920、"垂直"设为 1080，将"像素长宽比"设为"方形像素（1.0）"，将"场"设为"无场（逐行扫描）"；将下方的"序列名称"设为"主序列"。如图 5-14 所示。

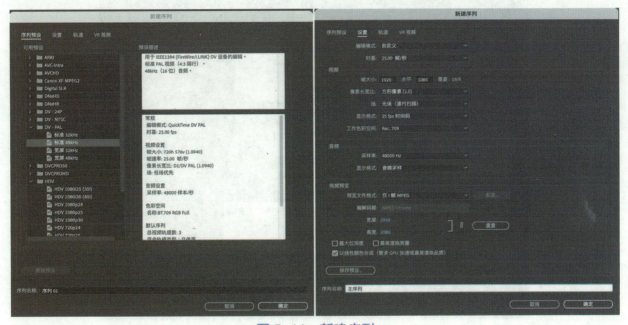

图 5-14 新建序列

3. 导入素材

1）在项目管理器中新建素材箱。为方便剪辑，按照文稿段落，分别建立"第一段""第二段"……"第六段"素材箱，再建立"其他画面""音频"和"字幕"素材箱，如图 5-15 所示。

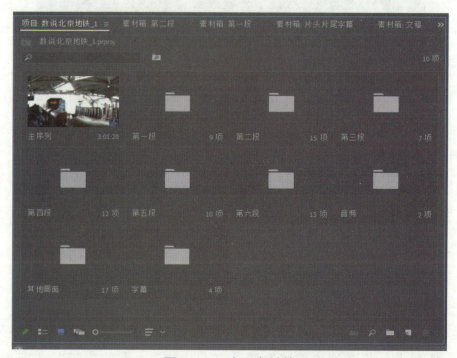

图 5-15   建立素材箱

2）将前期媒体资源管理环节整理好的客供素材、拍摄素材和网络素材导入相应的素材箱，如图 5-16 所示。

图 5-16   导入素材

4. 粗剪

1) 从素材库"音频"素材箱中，将文稿配音"第 1 段"修剪掉头尾冗余，放入音频轨道 1，如图 5-17 所示。

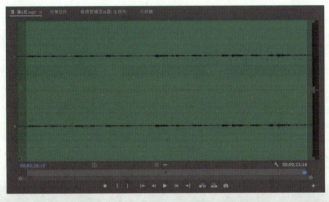

图 5-17　将文稿配音放入音频轨道 1

2) 根据前期素材对照表中的画面设计，将不同类型的画面分别放到视频轨道上，使其基本匹配录音音轨。对于不同种类的素材，可以分别放入不同的轨道，这样会使工程文件更加整洁。视频轨道 1，客供素材和网络素材；视频轨道 2，拍摄素材；视频轨道 3，动画字幕。将选定的背景音乐放入音频轨道 3。剪辑素材安排如图 5-18 所示。

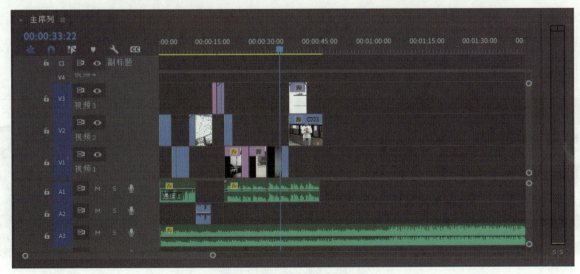

图 5-18　剪辑素材安排

3）段落标题素材采用演示文稿转视频的方法制作。运用信息技术课程所学知识，制作段落标题演示文稿，设置动画效果，导出视频，如图 5-19 所示。将段落标题素材放入时间线面板对应位置。

1 全国第…到有.mp4   2 更加立…到面.mp4   3 奥运之…八达.mp4   4 智能创…进步.mp4   5 北京地…骄傲.mp4

图 5-19   段落标题素材

4）依此方法，完成后续段落的粗剪工作，如图 5-20 所示。

图 5-20   完成粗剪

5. 精剪

1）调整素材音量。

原旁白录音音量过小。在时间线面板上选择需要调整音量的音频，单击鼠标右键，选择"音频增益"，在弹出的"音频增益"对话框中将"调整增益值"设为 16dB，如图 5-21 所示。人物出镜的现场录音音量较大，电平接近 0 值，与前面的旁白录音不匹配，用同样的方法打开"音频增益"对话框，将"调整增益值"设为 -15dB，如图 5-22 所示。依此方法调整背景音乐，在"音频增益"对话框中将"调整增益值"设为 -12dB。

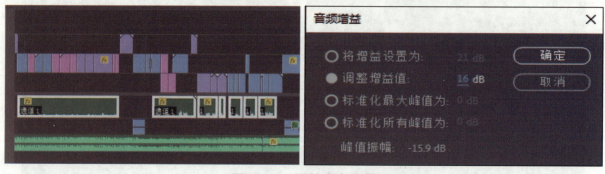

图 5-21   调整旁白音量

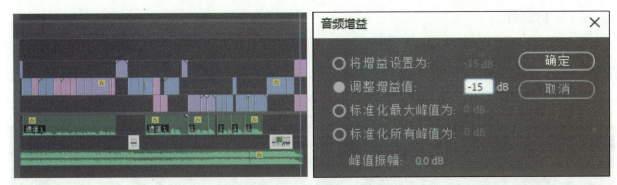

图 5-22 调整人物音量

2）调整素材尺寸。

个别网络素材带有字幕，使用时需要做适当调整。在时间线面板上选择相应素材，在效果控件面板中适当设置素材的"位置""缩放"等参数，调整素材尺寸，如图 5-23 所示。

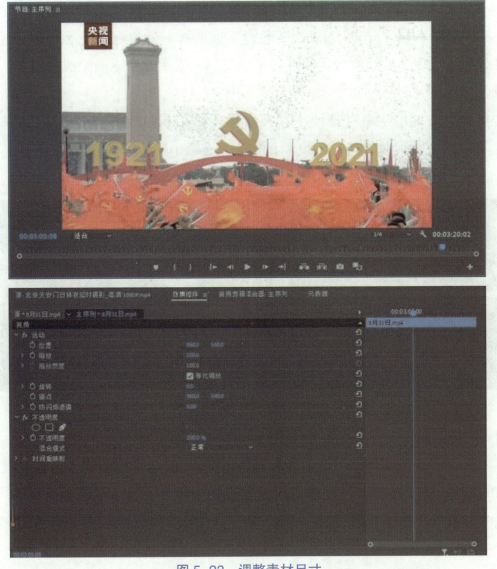

图 5-23 调整素材尺寸

3）素材降噪。

外拍素材是在地铁站拍摄，现场录音的噪音较大。可以使用 Premiere 里的效果做简单优化。在效果面板中选择"降噪"，将其拖曳到时间线面板上相应素材的音频上，默认设置已经有不错的效果，也可以在效果控件面板中尝试调节参数，如图 5-24 所示。

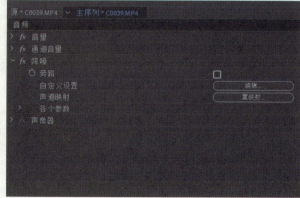

图 5-24   素材降噪

到此第一段的剪辑工作基本完成。《数说北京地铁》公益短片段落结构明晰，素材文件也以段落进行整理，后续段落我们可以举一反三，依此方法逐段完成剪辑。

4）制作旁白字幕。

单击界面上方的"字幕"选项卡切换布局，在文本面板中，单击"创建新字幕轨"按钮，逐句输入字幕，如图 5-25 所示。可在字幕轨中拖曳字幕分段，调整字幕显示的时间。

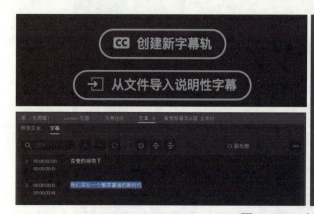

图 5-25   制作旁白字幕

5）制作片尾字幕。

选择"文件"→"新建"→"旧版标题"，在弹出的对话框中将"名称"设为"片尾字幕"，单击"确定"按钮，在旧版标题设置界面中输入文字"献礼一百年"，调整文字字体、尺寸和颜色，如图 5-26 所示。

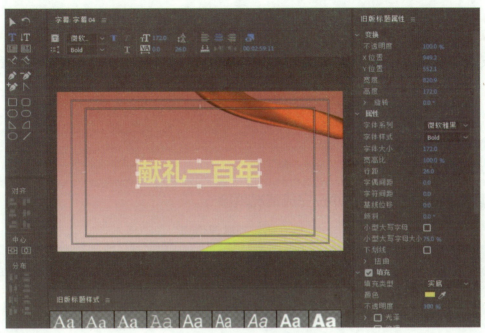

图 5-26　制作片尾字幕

所有内容制作完成后，就可以选择"文件"→"导出"→"媒体"，进行渲染输出。

拓展任务

请按照《数说北京地铁》公益短片制作的流程和方法，制作《冬奥大跳台》公益短片。

项 目 评 价

请根据表5-5检查作品，并按完成情况填涂☆。

表5-5　项目评价表

评价项目	指标说明	完成情况
视频制作	拍摄素材清晰稳定；视频表意清晰；剪辑流畅，不同素材亮度匹配；无剪辑失误的跳帧与黑场；输出格式符合要求	☆ ☆ ☆ ☆ ☆
音频制作	同期录音清晰；后期配音与视频吻合；音乐、音效符合画面内容；不同素材音量匹配，整体音量适中	☆ ☆ ☆ ☆ ☆
字幕制作	显示清晰，字号适中；言语字幕与台词相符，说明性字幕精练明了；能帮助短片内容理解，不喧宾夺主	☆ ☆ ☆ ☆ ☆

项 目 总 结

项目过程中遇到哪些问题？
你和团队是如何解决的？
经过这个项目，你有什么收获？

至此我们完成了本项目的全部学习。请大家结合自己的项目学习体验，逐项给自己打分，绘制自己的"双五维"成长雷达图，如图5-27所示。

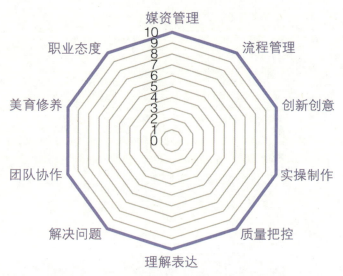

图5-27　项目5"双五维"成长雷达图

项目6

《腾飞中国》
风光混剪短
片制作

《腾飞中国》风光
混剪短片制作

项目背景

中国有悠久的历史、灿烂的文化、壮美的自然风光。随着经济的高速发展，中国的城市建设也突飞猛进，壮丽的都市景观成为中国的新名片。F11是一个中职毕业生组成的视频团队，该团队成员承接各地拍摄项目，工作的同时，也记录当地的城市风光。他们在祖国的繁荣富强中成长，也感受着祖国的壮美山河。

学习指导

风光混剪类短片是常见的视频类型，一些城市的风光宣传、自媒体创作的旅拍视频等常用到此类短片。它的形式特点是壮美风景的画面配合适当的人物镜头和背景音乐，运用镜头剪接技术突出短片效果。通过《腾飞中国》风光混剪短片项目，体验画面匹配与情绪表达，学习此类短片制作方法。

学习目标

1. 了解风光混剪类短片的一般制作流程。
2. 了解镜头匹配的有关知识。
3. 能在镜头提纲中运用镜头匹配知识。
4. 能参照镜头提纲，运用镜头匹配知识完成短片剪辑。
5. 培养用镜头记录美和展现美的意识。
6. 弘扬热爱生活、积极向上的乐观精神。

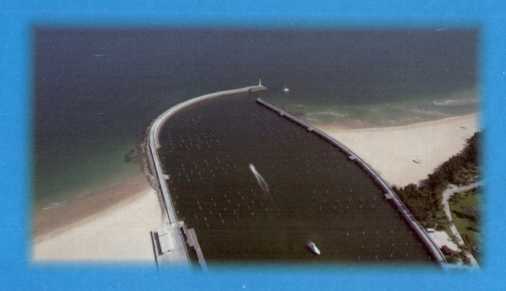

2022 年 7 月，中国空间站问天实验舱在海南文昌发射升空，F11 视频团队赴现场拍摄火箭发射的壮观场面。出发前，团队决定筹划制作一部风光混剪短片。项目任务单见表 6-1 所示。

表 6-1　《腾飞中国》风光混剪短片制作任务单

项目：《腾飞中国》风光混剪短片制作			
	联系人姓名	职务	联系电话	工作单位 / 任职部门
委托人	×××	团队负责人	1340×××× 277	F11 视频团队
受托人	略	略	略	略
背景意义	中国有悠久的历史、灿烂的文化、壮美的自然风光，随着经济的高速发展，中国的城市建设也突飞猛进，壮丽的都市景观成为中国的新名片			
短片内容	航拍风光镜头表现祖国壮丽的城市景观，借火箭腾空的镜头抒发爱国和自豪之情			
应用场景	哔哩哔哩视频网站			
素材基础	之前积累的部分城市航拍视频			
制作周期	1 个月			
委托确认	委托人签名：　　　　　　　　　　　　　受委托人签名：　　　　　　　　　日期：　　年 月 日　　　　　　　　　　日期：　　年 月 日			

项目分析

从用户画像、艺术分析、技术分析三方面对工作项目进行分析，见表 6-2。

表 6-2　项目分析

项目	内容
用户画像	本项目短片主要用作哔哩哔哩视频网站宣传，主要受众为原有粉丝和对火箭或航拍感兴趣的普通观众。短片时长宜为两分钟左右
艺术分析	本片以航拍城市画面为主，以人物镜头为辅，适宜恢宏的背景音乐
技术分析	为保证最佳视频观感，采用 4K 分辨率

实施准备

从人员需求、器材选择、场地选择、软件工具和素材基础几方面理清项目基础及实施的各项需求,见表 6-3。

表 6-3   实施准备

项目	内容
人员需求	镜头设计、航拍摄像师、剪辑师等
器材选择	大疆无人机 Air 2S、索尼 A7M4
场地选择	适合航拍的户外场地
软件工具	剪辑软件使用 Adobe Premiere
素材基础	之前积累的部分城市航拍视频

方案制定

1. 人员分工和进度安排

工作室根据原有岗位安排形成具体项目人员分工,进度设计留出冗余量。日程安排见表 6-4。

表 6-4   日程安排

日程	工作内容
第一周	镜头设计
第二周	素材采集
第三周	素材采集
第四周	剪辑制作

2. 镜头设计

使用镜头提纲以明确短片主旨,设计拍摄镜头,构想短片整体效果。根据本项目特征,对拍摄镜头预设部分做具体调整。本项目镜头提纲见表 6-5。

表 6-5 《腾飞中国》风光混剪短片镜头提纲

项目：《腾飞中国》风光混剪短片制作
1. 明确主旨
通过航拍风光镜头表现祖国壮丽的城市景观，借火箭腾空的镜头抒发爱国和自豪之情
2. 拍摄镜头预设
从高空俯瞰角度，展现城市风光。 不同地点的无人机拍摄，尽量多地包含升降、飞行、旋转等飞行动作，为后面剪辑中运用运动匹配提供素材支持。 火箭升空的镜头，使用固定机位拍摄，表现恢宏感。 注意事项： 遵守当地法律法规，不在禁飞区飞行；注意环境与天气，确保人员与设备安全
3. 短片整体构想
使用多样的航拍风光镜头表现祖国壮丽的城市景观。借火箭腾空的镜头抒发爱国和自豪之情。 风光镜头在组接中，可以运用转场技巧，比如匹配（色彩匹配、图形匹配、运动匹配等）、反差（相反运动等），丰富内容，增强视觉冲击力。 火箭镜头可以放在后半部分，作为情绪的催化剂。挑选音乐时也注意乐曲的情绪节奏

素材采集

镜头示例 1：海边航拍，如图 6-1、图 6-2 所示。

图 6-1 海边航拍（始）　　　　　　　图 6-2 海边航拍（终）

内容：海边，高空俯瞰船只出海。

拍摄：无人机升空后，按照船只出海的航行方向进行跟拍。拍摄时无人机缓慢向前，保证画面稳定。

镜头示例 2：旋转拍摄楼顶，如图 6-3、图 6-4 所示。

图 6-3　旋转拍摄楼顶（始）

图 6-4　旋转拍摄楼顶（终）

内容： 航拍球形楼顶，特色的建筑结构在夕阳中呈现迷人的光影。

拍摄： 无人机升空后围绕球形楼顶飞行，低速飞行保证拍摄画面稳定。

镜头示例3：升空移动拍摄，如图 6-5、图 6-6 所示。

图 6-5　升空移动拍摄（始）

图 6-6　升空移动拍摄（终）

内容： 通过一个拉升的航拍镜头，拍摄主体从人物变作城市，从高空俯瞰高楼林立，表现城市繁荣景象。

拍摄： 无人机从天台升空，缓慢拉升，飞向远方空中。

镜头示例4：火箭升空，如图 6-7、图 6-8 所示。

图 6-7　火箭升空（全景）

图 6-8　火箭升空（远景）

内容： 火箭发射升空。

拍摄： 多机位不同景别拍摄，火箭在画面中心，对称构图，表现恢宏壮丽的景象。

剪辑制作

1. 媒体资源管理

在开始剪辑工作前，规范建立项目文件夹体系，将所有素材分门别类地进行存储，并做至少一份备份，如图 6-9 所示。

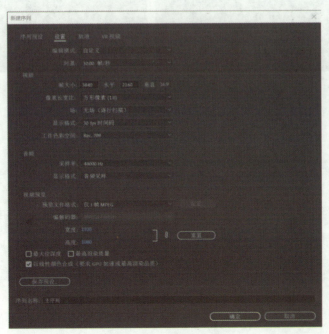

	一级	二级	三级
项目文件夹	文稿剧本	文稿	
		分镜	
	原始素材	视频素材	客供
			拍摄
			网络
		音频素材	录音
			背景音乐
		字幕动画	
	工程文件		
	剪辑样片		

图 6-9 项目文件体系

2. 新建项目及序列

1）启动 Premiere 软件，单击"新建项目"按钮，在弹出的对话框中更改项目存储位置到"《腾飞中国》项目文件夹"的"3 工程文件"子文件夹，修改项目名称为"腾飞中国"，单击"确定"按钮。

2）在菜单栏选择"文件"→"新建"→"序列"选项，弹出"新建序列"对话框。单击"设置"选项卡，将"编辑模式"设为"自定义"；在"视频"选项组中设置"帧大小"，将"水平"设为 3840、"垂直"设为 2160，将"像素长宽比"设为"方形像素（1.0）"，将"场"设为"无场（逐行扫描）"；将"序列名称"设为"主序列"。新建序列，如图 6-10 所示。

图 6-10 新建序列

3. 导入素材

1）在项目面板中新建素材箱。为方便剪辑，分别建立"地面素材""航拍素材"和"音频"素材箱，如图 6-11 所示。

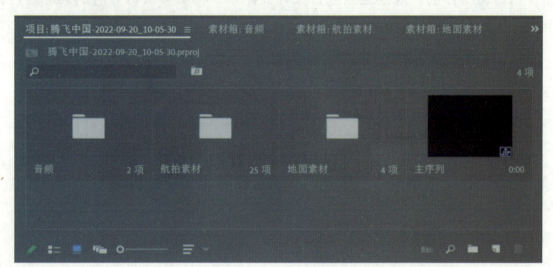

图 6-11　建立素材箱

2）将前期媒体资源管理环节整理好的素材导入相应素材箱，如图 6-12 所示。

图 6-12　导入素材

4. 粗剪

 知识便签

从本质上说，镜头组接的思路，是一个画面的动势或内容，接一个会让观众联想到的画面，从而发展出匹配剪辑（match cut）、反差剪辑（smash cut）、逻辑转场等剪辑技巧。

1）按照设计思路，从素材箱中选择相应素材，放入视频轨道。

运用色彩匹配技巧，将不同素材中的夕阳镜头剪接到一起，形成色彩匹配，如图 6-13 所示。

图 6-13　色彩匹配

将放飞无人机和抬升的城市俯拍素材剪接一起，符合观众心理预期，形成逻辑转场，如图 6-14 所示。

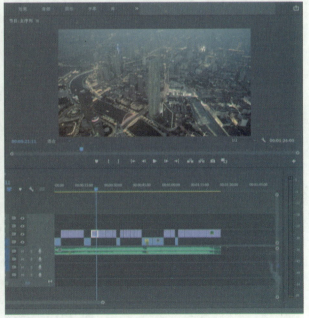

图 6-14　逻辑转场

　　运用运动匹配技巧，将多个无人机抬升俯拍视频组接到一起，增强视觉冲击力，如图 6-15 所示。

图 6-15　运动匹配

　　将火箭升空和摩天大楼的航拍视频组接。无人机抬升与火箭动势相同，形成运动匹配；摩天大楼和火箭的外形相近，形成图形匹配，如图 6-16 所示。

图 6-16　运动匹配和图形匹配

2）将背景音乐放入音频轨道，初步调整片段前后位置，完成视频粗剪，如图 6-17 所示。

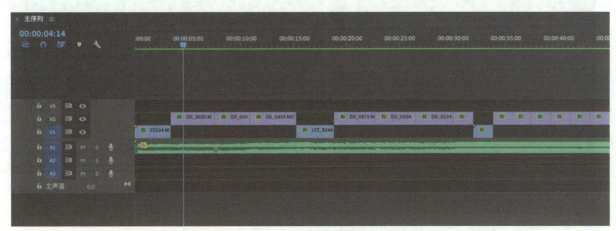

图 6-17　完成粗剪

5. 精剪

1）调整镜头画面。

火箭发射素材的分辨率与序列不一致，需要在效果控件面板中微调参数，如图 6-18 所示。

图 6-18　调整镜头画面

2）调整视频速度。

航拍素材画面变化缓慢，节奏较慢，需要调节视频速度。选中素材，单击鼠标右键，选择"速度/持续时间"，在弹出的对话框中设置"速度"，单击"确定"按钮，如图 6-19 所示。

图 6-19   调整视频速度

3）调整剪辑点。

将火箭升空素材与背景音乐高潮部分匹配，增强影片效果，如图 6-20 所示。

图 6-20   匹配视频素材与背景音乐

　　整体预览视频，根据背景音乐节奏适当调整镜头长短，使影片节奏感更强。最后修剪音乐结尾，使之与视频长度一致，如图6-21所示。到此完成精剪工作，如图6-22所示。

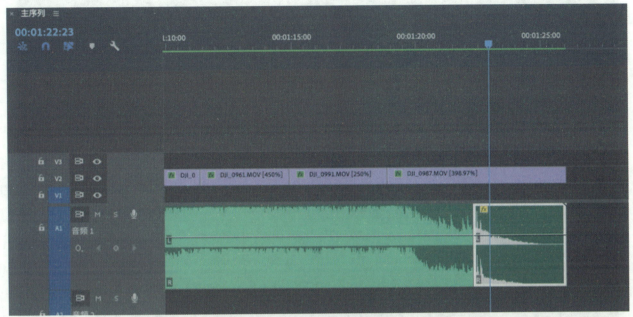

图6-21　修剪背景音乐结尾

图6-22　完成精剪工作

6. 优化

1）色彩基础调整。

选择"片头"素材，打开Lumetri颜色面板。单击"基本校正"，设置"饱和度"为

150。单击"色轮和匹配",用鼠标拖曳亮度滑块,增加高光,减少中间调,稍微减少一些阴影的亮度,画面层次感更强,如图 6-23 所示。

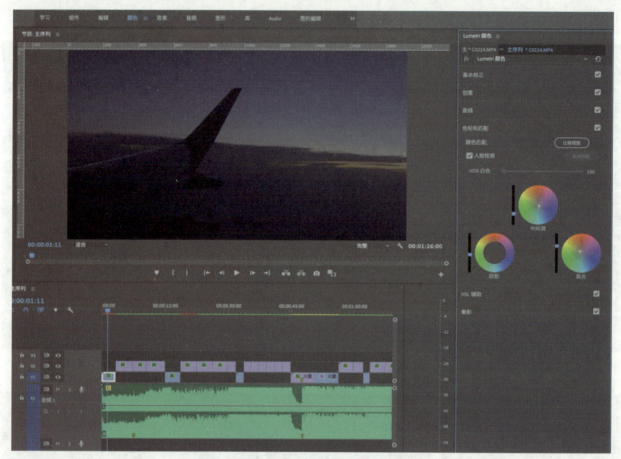

图 6-23　色彩基础调整

2)设置色彩风格。

本项目采用"DLog-M+to+Rec709"色彩风格。在 Lumetri 颜色面板中单击"基本校正",将"输入 LUT"设为"DLog-M+to+Rec709",如图 6-24 所示。

图 6-24　设置色彩风格

色彩风格确定以后,可以通过修改其他参数的方法进行颜色调整,直到满意为止。但是要注意影片是一个整体,影片中相同或类似画面颜色应该基本相同。颜色匹配是一部好作品的关键点之一。

7. 输出成片

所有内容制作完成后,就可以选择"文件"→"导出"→"媒体",进行渲染输出。

拓展任务

请按照《腾飞中国》风光混剪短片制作的流程和方法，制作《美景如画》短片。

项目评价

请根据表 6-6 检查作品，并按完成情况填涂 ☆。

表 6-6   项目评价表

评价项目	指标说明	完成情况
视频制作	拍摄素材清晰稳定；视频表意清晰；剪辑流畅，不同素材亮度匹配；无剪辑失误的跳帧与黑场；输出格式符合要求	☆ ☆ ☆ ☆ ☆
音频制作	同期录音清晰；后期配音与视频吻合；音乐、音效符合画面内容；不同素材音量匹配，整体音量适中	☆ ☆ ☆ ☆ ☆
字幕制作	显示清晰，字号适中；言语字幕与台词相符，说明性字幕精练明了；能帮助短片内容理解，不喧宾夺主	☆ ☆ ☆ ☆ ☆

项目总结

项目过程中遇到哪些问题？
你和团队是如何解决的？
经过这个项目，你有什么收获？

至此我们完成了本项目的全部学习。请大家结合自己的项目学习体验，逐项给自己打分，绘制自己的"双五维"成长雷达图，如图 6-25 所示。

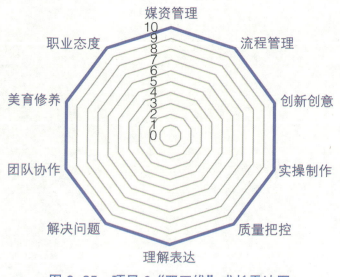

图 6-25   项目 6 "双五维"成长雷达图

项目 7

《张三的故
事》剧情
短片制作

项目背景

中学阶段，是人成长的重要时期——生理的变化、智力的成长，相伴随的还有情绪的敏感和情感的丰富。中学生也更容易从人与社会的接触中，学会认识自己、了解别人。这一敏感和过渡的时期，更需要个人的觉知，以及家庭和社会的关注。任何一方的缺位，都可能造成令人叹息的结果。这就是《张三的故事》，张三是最普通的名字，可能是你、是我、是每一个人。

学习指导

剧情类短片是我们十分常见的短片类型，其在剧本撰写、分镜设计和剪辑制作上，都有自己的一些特点。通过《张三的故事》剧情短片项目，你会完整体验剧情短片的制作流程，学习此类短片制作方法。

学习目标

1. 了解剧情短片的一般制作流程。
2. 了解剧本的一般结构和方法。
3. 能根据剧本设计分镜头。
4. 能按要求完成素材采集工作。
5. 能参照分镜脚本完成短片剪辑工作。
6. 培养用故事发人深思、导人向善的意识。
7. 弘扬精益求精的工匠精神。

学生发展中心计划制作一部表现学生成长故事的剧情短片，通过触动人心的故事引导学生健康成长。项目任务单见表 7-1。

表 7-1 《张三的故事》剧情短片制作任务单

项目：《张三的故事》剧情短片制作				
	联系人姓名	职务	联系电话	工作单位 / 任职部门
委托人	×××	主任	1356×××561	学生发展中心
受托人	侯老师	指导教师	1346×××350	电影剧作社团
背景意义	中学阶段，是人成长的重要时期——生理的变化、智力的成长，相伴随的还有情绪的敏感和情感的丰富。中学生也更容易从人与社会的接触中，学会认识自己、了解别人。这一敏感和过渡的时期，更需要个人的觉知，以及家庭和社会的关注。任何一方的缺位，都可能造成令人叹息的结果			
短片内容	表现学生成长的剧情短片，用触动人心的故事发人深省，引导学生健康成长			
应用场景	学校活动中播放，并通过公众号等途径进行网络宣传			
素材基础	暂无			
制作周期	6 周			
委托确认	委托人签名：		受委托人签名：	
	日期： 年 月 日		日期： 年 月 日	

从用户画像、艺术分析、技术分析三方面对工作项目进行分析，见表 7-2。

表 7-2 项目分析

项目	内容
用户画像	短片主要用作学生发展中心在各种活动中的播放，兼顾网络宣传。考虑应用场景和故事情节发展节奏，短片片长在 10 分钟以内为宜
艺术分析	短片要达到触动人心、发人深省的目的，需要在故事设计上有新意，短片叙事上可使用倒叙、插叙等手法，提升观众观影兴趣
技术分析	使用 1080P 分辨率拍摄

实施准备

从人员需求、器材选择、场地选择、软件工具和素材基础几方面理清项目基础及实施的各项需求，见表7-3。

表7-3　实施准备

项目	内容
人员需求	编剧、分镜设计、摄像师、场记员、演员、剪辑师等
器材选择	手持摄像机
场地选择	视频剪辑工作室
软件工具	剪辑软件使用 Adobe Premiere
素材基础	暂无

方案制定

1. 人员分工和进度安排

根据项目流程和岗位需求进行小组人员分工。安排进度时，拍摄阶段不确定性较多，要提前做好备选方案，并在时间上留出冗余量。日程安排见表7-4。

表7-4　日程安排

日程	工作内容
第一周、第二周	剧本创作
第三周	分镜设计
第四周、第五周	素材采集
第六周	视频剪辑

2. 文稿撰写

剧情短片的剧作一般有故事创意、故事梗概和剧本三个阶段。

故事创意是用一两句话简述作品的创意、主题和风格。此阶段编剧要分析客户的需求。短片讲述学生成长的故事，希望达到发人深省的效果。电影剧作社认为可以不用正面说教的形式，而是展现一个中学生迷失自己的过程，让观众为他担心，形成共情。主角可能走上不好的路，但观众会感受到：我们不能这样。这样就达到了"发人深省，引导学生健康成长"的目的。

故事梗概是用几段话描述短片主要情节，展现主要人物和叙事的基本结构等，如图

7-1 所示。

（现在）

街上聚集着一些人，张三在其中，面相不善，好像在等着谁。

（一年前）

张三回到家，看到醉酒的父亲，他生气地离开。次日遇到李四，向李四抱怨，李四递给他一支烟。

（三个月前）

张三校外被人欺负，李四赶来帮他解围。

（一个月前）

李四犯事儿，没法上学了。 家长不管他，张三很为他难过。

（一周前）

李四骑着摩托来找张三，说认识了一个特牛的大哥。李四带张三去见大哥。张三很羡慕李四。

（一天前）

李四来找张三，说大哥有事儿，第二天要去收拾一个人。

（现在）

几个人发现了目标，上去一顿拳脚。警察赶到，他们仓皇而逃。

图 7-1 《张三的故事》故事梗概

剧本则要以一定的格式，按场景讲述完整故事，包含场景信息、人物、对话、动作描写等关键信息。剧本的格式有很多种，目前比较通用的是图 7-2 所示的格式。每一场景的第一行是场景时空提示行，包括场景号、内外景、地点和时间。下面有时还有场景描述，交代必要的环境信息。人物动作靠左，对话居中，语气神态标注在名字下面。剧本中只呈现人物的动作和语言，避免出现纯心理描写。

段落6（一个月前）：

10. 内景　德育处门口-楼道　白天

字幕：一个月前

李四和其父走出德育处。

李四边走边脱衣服。

李四

终于不用穿这身破衣裳了。

李四父亲

又给老子惹事儿。这个月零花钱没有了！

李四

别啊！都是他们找事儿。没钱咋办啊？

李四父亲

爱咋办咋办！

其父打电话铃响，接电话。

李四父亲

（谄媚的）

喂？张总啊！你好你好！现在？有时间有时间，行行，一会见。

图 7-2 《张三的故事》剧本（场景 10 片段）

3. 镜头设计

微电影的镜头设计多采用分镜表格和分镜草图（故事板）的形式。

（1）分镜表格

分镜表格以剧本为内容基础，分析人物与情节，依据一定的表格形式形成。在分镜设计的过程中，要注意准确体现剧本意图、镜头运用流畅自然、文字描述简洁明确、镜头术语使用准确。图 7-3 为《张三的故事》场景 10 分镜表格片段。

镜号	景别	技法	画面	声音
6-10-1	特写	摇	德育处牌子，右摇，人物开门。	
6-10-2	全景	固定	李四爸向屋内挥手，再见。李四站旁边冷漠地站着。向楼梯走。	
6-10-3	中景	跟拍	李四边走边脱衣服，"终于不用穿这身破衣服了！"	
6-10-4	近景	跟拍	李四爸恼火地说："又给老子惹事儿。"继续走："这个月零花钱没有了！"	
6-10-5	近景	固定	李四停下（窗旁）："别啊！都是他们找事。没钱咋办啊？"	
6-10-6	近景	固定	李四爸："爱咋办咋办！"电话响。	
6-10-7	近景	固定	李四无奈地扭头，瞥眼看他爸。	
6-10-8	全景	固定	爸爸接电话表情谄媚："喂？张总啊！你好你好！现在？有时间有时间，行行，一会见。"	
6-10-9	全景	固定	李四靠着窗瞥看他爸，李四爸不回头的下楼梯，出画面。	
6-10-10	近景	固定	李四看着爸爸离开。微侧脸，显出鄙夷神情。	
6-10-11	全景	固定	李四把校服摔在地上。低头郁闷。张三声音："李四，事情咋样了？"李四转头看张三。	
6-10-12	中景	固定	李四："嗨，不说这个，我爸把我钱断了，咱一会儿找人'借点'去。"	
6-10-13	特写	固定	张三稍显为难，还是说："那行吧，走吧。"	
6-10-14	中景	固定	李四拍张三的肩膀："好哥们！"	

图 7-3 《张三的故事》场景 10 分镜表格片段

知识便签 镜头的连续性

镜头的连续性指在镜头切换时，保持一致性和连贯性，强调视觉的连贯和叙事的易于理解。连续性多体现在剪辑中，所以也称连续性剪辑或经典剪辑。在镜头设计环节，也可运用镜头连续性知识。镜头连续性有几项基础原则：①场景中有主镜头确立场景；②后续镜头与主镜头匹配；③人物间形成虚拟轴线，摄影机一般只在轴线一侧（拍摄环节要注意）；④双人对话使用正反打镜头。

（2）分镜草图

分镜草图也叫故事板，使用图画直观呈现镜头景别、角度等画面信息。分镜草图利于不同岗位人员理解导演意图，提高工作效率。图 7-4 为《张三的故事》场景 10 的分镜草图。

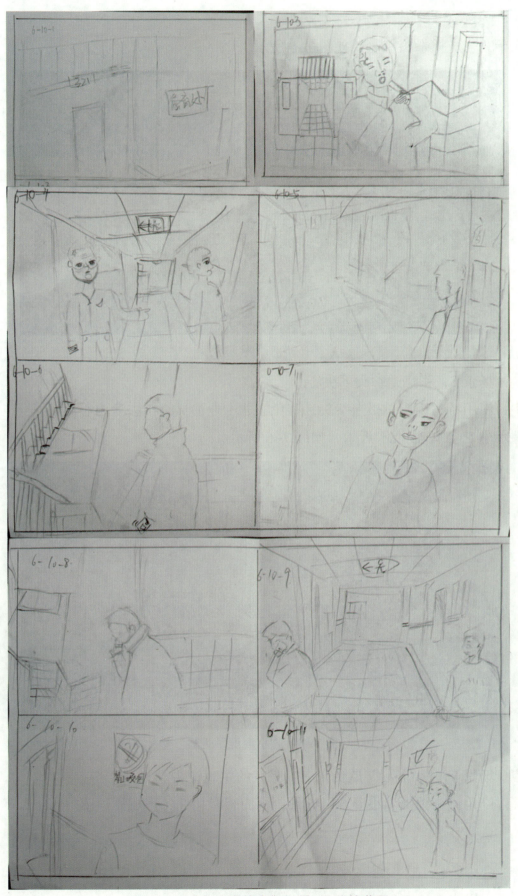

图 7-4 《张三的故事》场景 10 分镜草图

素材采集

镜头示例 1：攥拳头特写，如图 7-5 所示。

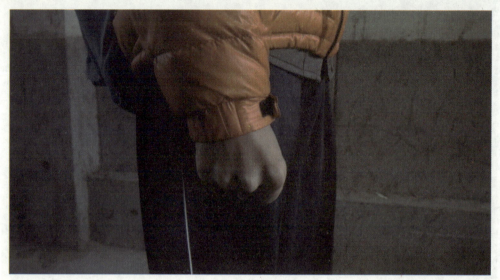

图 7-5　攥拳头特写

内容：场景 8，张三攥拳头下决心。

拍摄：使用特写镜头拍摄攥拳头，避免让非专业演员直接去演内心活动。

镜头示例 2："小混混"近景，如图 7-6 所示。

图 7-6　"小混混"近景

内容：场景 8，"小混混"欺负张三，张三的主观镜头。

拍摄：广角镜头拍摄"小混混"近景，画面轻微扭曲，形成压迫感。

镜头示例 3：李四与父亲的中景，如图 7-7 所示。

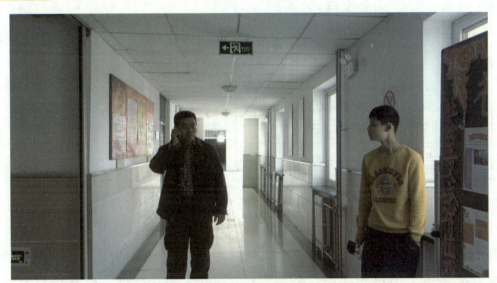

图 7-7 李四与父亲的中景

内容： 场景 10，李四被开除，与其父在学校楼道争吵。

拍摄： 分镜设计时考虑使用全景，实际拍摄发现用中景效果更好。人物分处两侧，表现父子间的疏离感。

拍摄过程中，场记员记录拍摄进度、镜头顺序和文件号等信息。方便后面的媒体资源管理和剪辑工作。拍摄记录表如图 7-8 所示。

镜号	景别	技法	画面		机号文件号	备注
6-10-1	特写	摇	德育处牌子，右摇，人物开门。	(199)	4-309	
6-10-2	全景	固定	李四爸向屋内挥手，再见。李四站旁边冷漠地站着。向楼梯走。	(200)	2	
6-10-3	中景	跟拍	李四边走边脱衣服，"终于不用穿这身破衣服了！"	(202)	012.013.014	
6-10-4	近景	跟拍	李四爸恼火地说，"又给老子惹事儿。"继续走，"这个月零花钱没有了！"	(002)	3	
6-10-5	近景	固定	李四停下（窗旁），"别啊！都是他们找事。没钱咋办啊。"	(206)	7	
6-10-6	近景	固定	李四爸："爱咋办咋办！"电话响。	(008)	003.004.005.006.07.008 4	
6-10-7	近景	固定	李四无奈地咬咬头，瞥眼看他爸。	(m 213)	8	
6-10-8	全景	固定	爸爸接电话表情谄媚："喂？张总啊！你好你好！现在？有时间有时间，行行，一会见。"		1.6-10-6	李四视角
6-10-9	全景	固定	李四靠着窗警看他爸，李四爸不回头的下楼梯，出画面。	(200)	09.010.011 5	李四在右
6-10-10	近景	固定	李四看着爸爸离开。微倒脸，显出郁夷神情。	(z 213)	9	李四左前
6-10-11	全景	固定	李四把手里校服揉了揉，摔在地上。低头郁闷。张三声音："李四，事情咋样了？"李四转头看张三。		10 .14	左前偏左
6-10-12	中景	固定	李四："嗨，不说这个，我爸把我钱断了，咱一会儿找人'借点'去。"		11	李四右前
6-10-13	特写	固定	张三稍显为难，还是说"那行吧，	(218.或 219)	12	李四视角
6-10-14	中景	固定	李四拍张三的肩膀，"好哥们！"	(220)	13	

图 7-8 《张三的故事》拍摄记录表（场景 10）

剪辑制作

1. 媒体资源管理

在开始剪辑工作前，规范建立项目文件夹体系，将所有素材分门别类地进行存储，并做至少一份备份，如图 7-9 所示。为方便剪辑工作，拍摄素材根据基本剧本结构分段落建立文件夹存储。

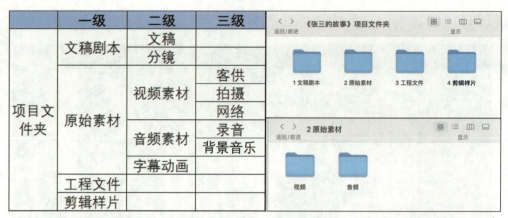

一级	二级	三级
	文稿剧本	文稿
		分镜
		客供
项目文件夹	原始素材	视频素材
		拍摄
		网络
	音频素材	录音
		背景音乐
	字幕动画	
	工程文件	
	剪辑样片	

图 7-9   项目文件体系

2. 新建项目及序列

1）启动 Premiere 软件，单击"新建项目"按钮，在弹出的对话框中更改项目存储位置到"《张三的故事》项目文件夹"的"3 工程文件"子文件夹，修改项目名称为"张三的故事"，单击"确定"按钮，新建项目，如图 7-10 所示。

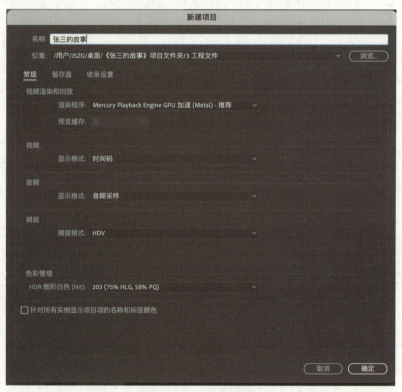

图 7-10   新建项目

2）在菜单栏选择"文件"→"新建"→"序列"选项，弹出"新建序列"对话框。单击"设置"选项卡，将"编辑模式"设为"自定义"；在"视频"选项组中设置"帧大小"，将"水平"设为 1920、"垂直"设为 1080，将"像素长宽比"设为"方形像素（1.0）"，将"场"设为"无场（逐行扫描）"；将"序列名称"设为"主序列"。新建序列，如图 7-11 所示。

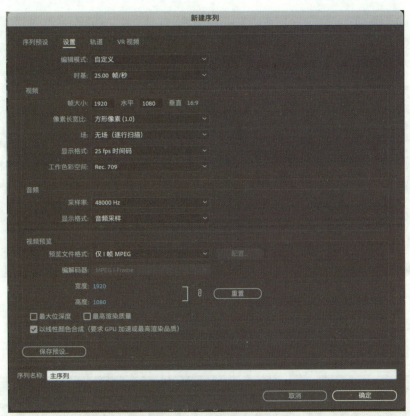

图 7-11　新建序列

3. 导入素材

1）在项目面板中，单击鼠标右键，选择"导入素材"，导入整理好的素材文件夹，软件会自动生成相应的素材箱，如图 7-12 所示。

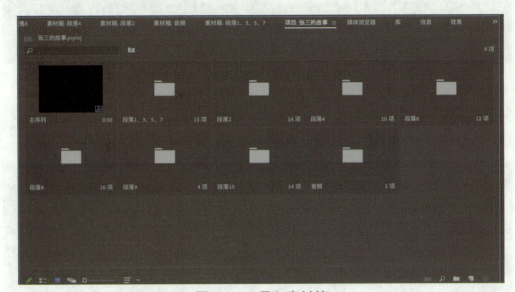

图 7-12　导入素材箱

4. 粗剪

1）依据分镜设计，挑选段落 1 相应的素材，选取入点、出点，如图 7-13 所示，分别放入时间线面板的视频轨道 1。

图 7-13   选取入点、出点

2）依据分镜设计，挑选段落 2 相应的素材，选取入点、出点，分别放入时间线面板的视频轨道 2，如图 7-14 所示。将回忆段落统一放入视频轨道 2，使工程文件更直观、有序。

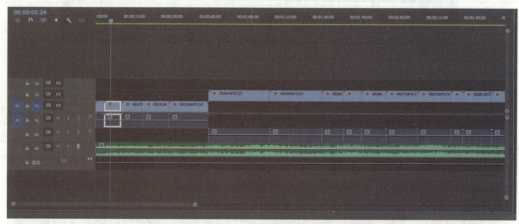

图 7-14   将段落 2 素材放入视频轨道

3）后续段落的素材，依现在和回忆，分别放到相应视频轨道上。完成粗剪工作，如图 7-15 所示。

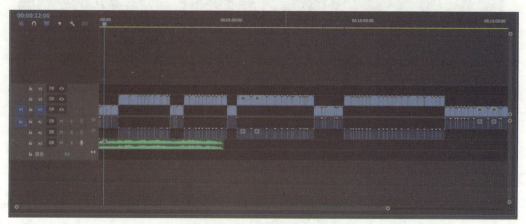

图 7-15   完成粗剪工作

5. 精剪

1) 添加字幕。选择"文件"→"新建"→"旧版标题",为故事每个段落添加字幕,并制作片头和结尾段落字幕,如图 7-16 所示。

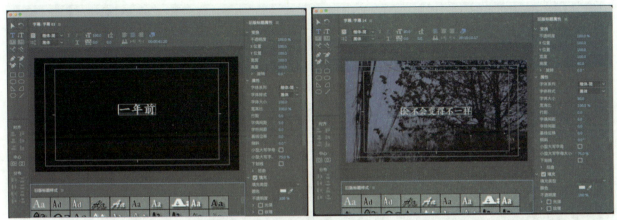

图 7-16 添加字幕

2) 优化剪辑点。浏览全片,微调剪辑点,使镜头转换更流畅。以图 7-17 中素材为例,起始动作有停顿,适当裁切后动作更流畅。

图 7-17 优化剪辑点

3）添加转场效果。为现实时空段落（段落1、段落3等）添加转场效果，增强艺术效果。在效果面板中选择"视频过渡"→"溶解"→"黑场过渡"，将其拖曳至时间线面板上要添加的素材之间。依此方法完成全部转场效果的添加，如图7-18所示。

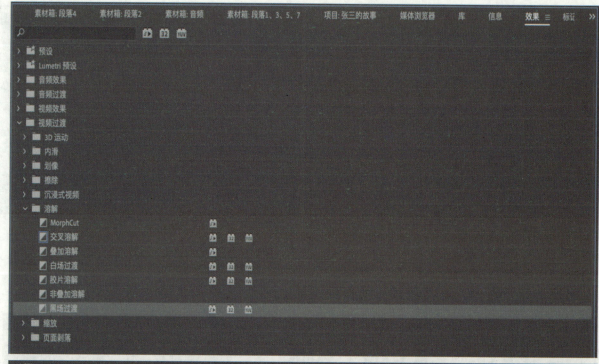
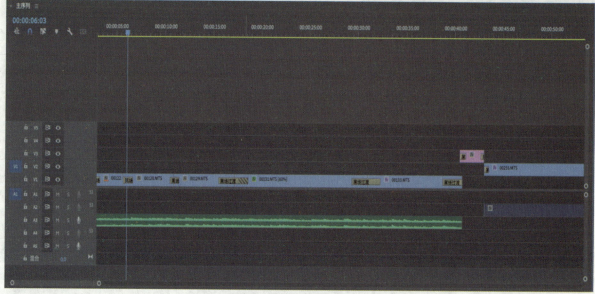

图7-18　添加转场效果

4）添加特殊音效。结尾处有警察赶到的情节，使用警笛代替。在时间线面板的相应位置添加警笛音效素材，如图7-19所示。

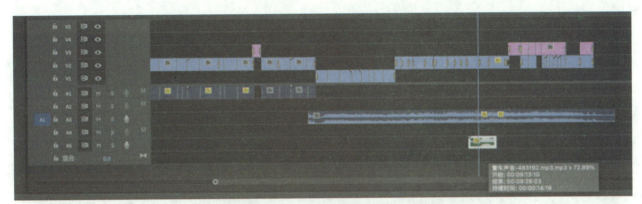

图 7-19　添加警笛音效

5）调节素材音量。整体浏览视频，调节人物对白和音乐的音量，使对白清晰，最高音量电平不超 0 值。图 7-20 中人物说话音量的电平突破 0 值，需做适当调整。选中素材音频，在源监视器面板中，选择"音频剪辑混合器"，找到对应音频轨道，适当降低左侧滑块。

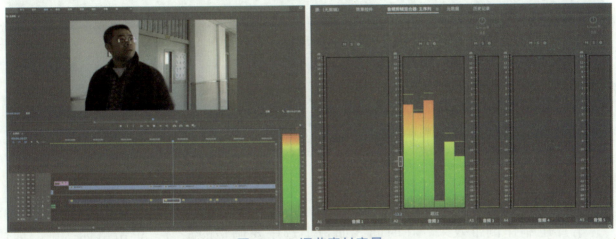

图 7-20　调节素材音量

6. 优化

1）色彩调整。

根据作品的艺术表达，对个别素材进行曝光、饱和度等基础调色操作。在软件上部单击"颜色"选项卡，切换工作区布局。在时间线面板中选中要校正的素材，在 Lumetri 颜色面板中适当设置"基本校正"中的参数，如图 7-21 所示。

图 7-21   色彩调整

2）特殊效果。

给片尾制作倒带效果。在时间线面板上选中要调整的素材，单击鼠标右键，选择"剪辑速度 / 持续时间"，在弹出的对话框中，设置"速度"为 200，勾选"倒放速度"复选框，如图 7-22 所示。

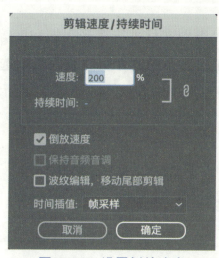

图 7-22   设置倒放速度

在项目面板中单击鼠标右键，选择"新建项目"→"调整图层"，将调整图层添加至视频轨道 4 倒放段落，如图 7-23 所示。

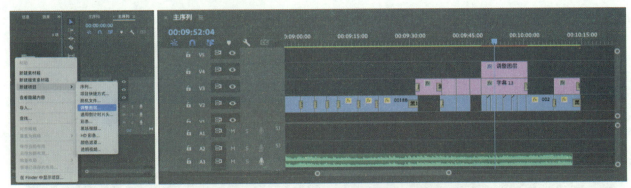

图 7-23 新建"调整图层"

在效果面板中，搜索"波形变形"，选中并拖曳该效果至时间线面板上的"调整图层"上，在效果控件中，设置波形类型为"杂色"，适当调整波形参数，如图 7-24 所示。

图 7-24 添加"波形变形"

最后将"倒带音效"素材放入音频轨道，适当调整音量，如图 7-25 所示。倒带效果制作完成。

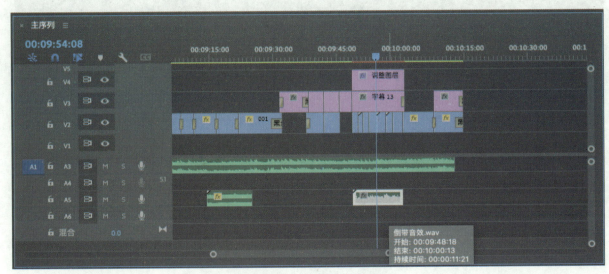

图 7-25 制作倒带效果

7. 输出成片

至此剪辑工作基本完成，如图 7-26 所示。所有内容制作完成后，就可以选择"文件"→"导出"→"媒体"，进行渲染输出，如图 7-27 所示。

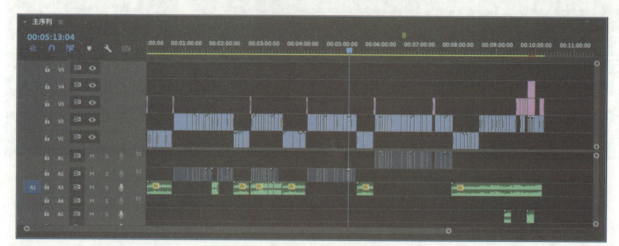

图 7-26　完成剪辑工作

图 7-27　渲染输出

拓展任务

请按照《张三的故事》剧情短片制作的流程和方法，自选主题，创作一部微电影。

项 目 评 价

请根据表 7-5 检查作品，并按完成情况填涂 ☆。

表 7-5　项目评价表

评价项目	指标说明	完成情况
视频制作	拍摄素材清晰稳定；视频表意清晰；剪辑流畅，不同素材亮度匹配；无剪辑失误的跳帧与黑场；输出格式符合要求	☆☆☆☆☆
音频制作	同期录音清晰；后期配音与视频吻合；音乐、音效符合画面内容；不同素材音量匹配，整体音量适中	☆☆☆☆☆
字幕制作	显示清晰，字号适中；言语字幕与台词相符，说明性字幕精练明了；能帮助短片内容理解，不喧宾夺主	☆☆☆☆☆

项 目 总 结

项目过程中遇到哪些问题？

你和团队是如何解决的？

经过这个项目，你有什么收获？

至此我们完成了本项目的全部学习。请大家结合自己的项目学习体验，逐项给自己打分，绘制自己的"双五维"成长雷达图，如图 7-28 所示。

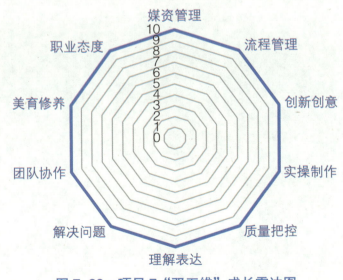

图 7-28　项目 7 "双五维" 成长雷达图